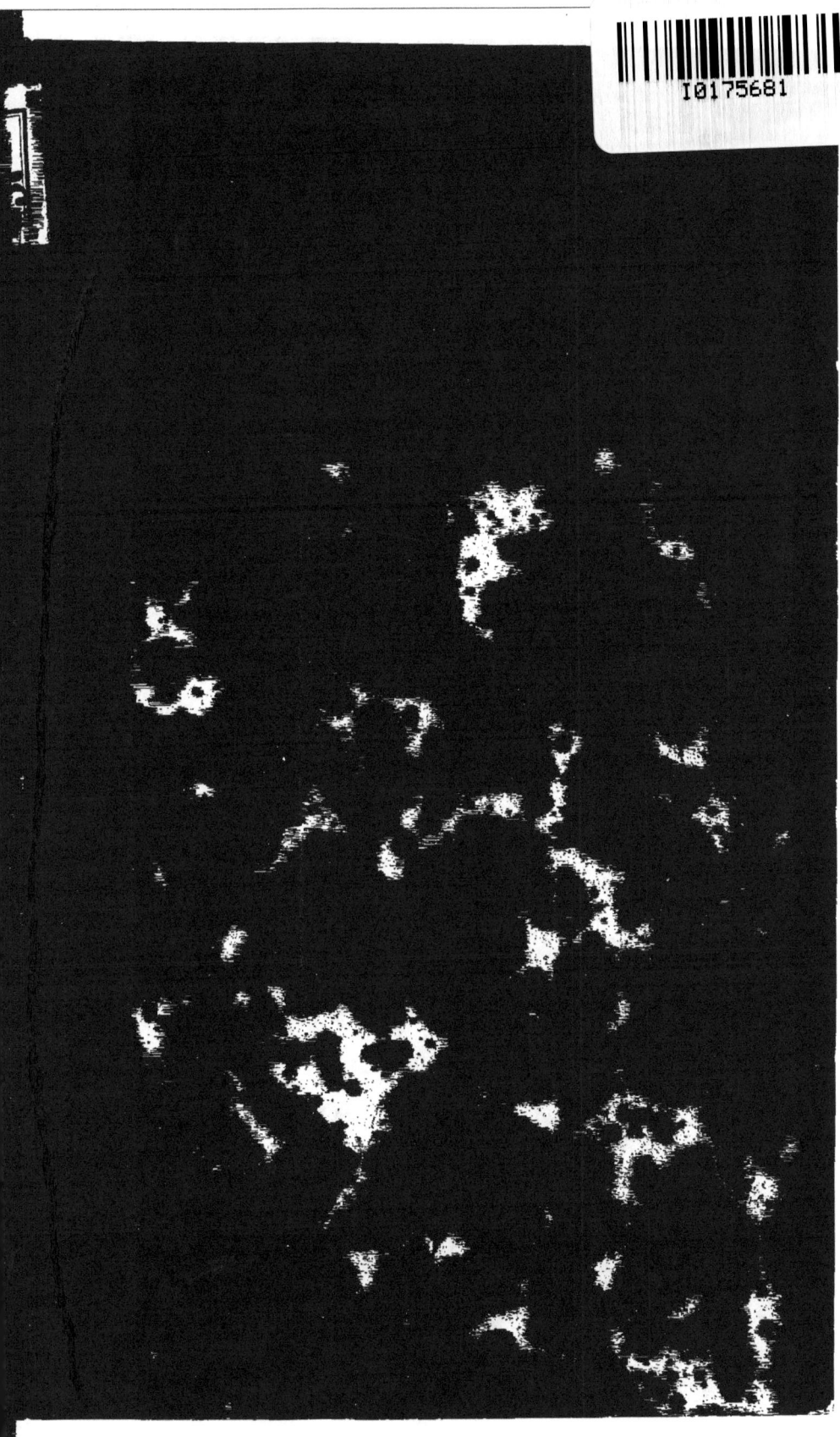

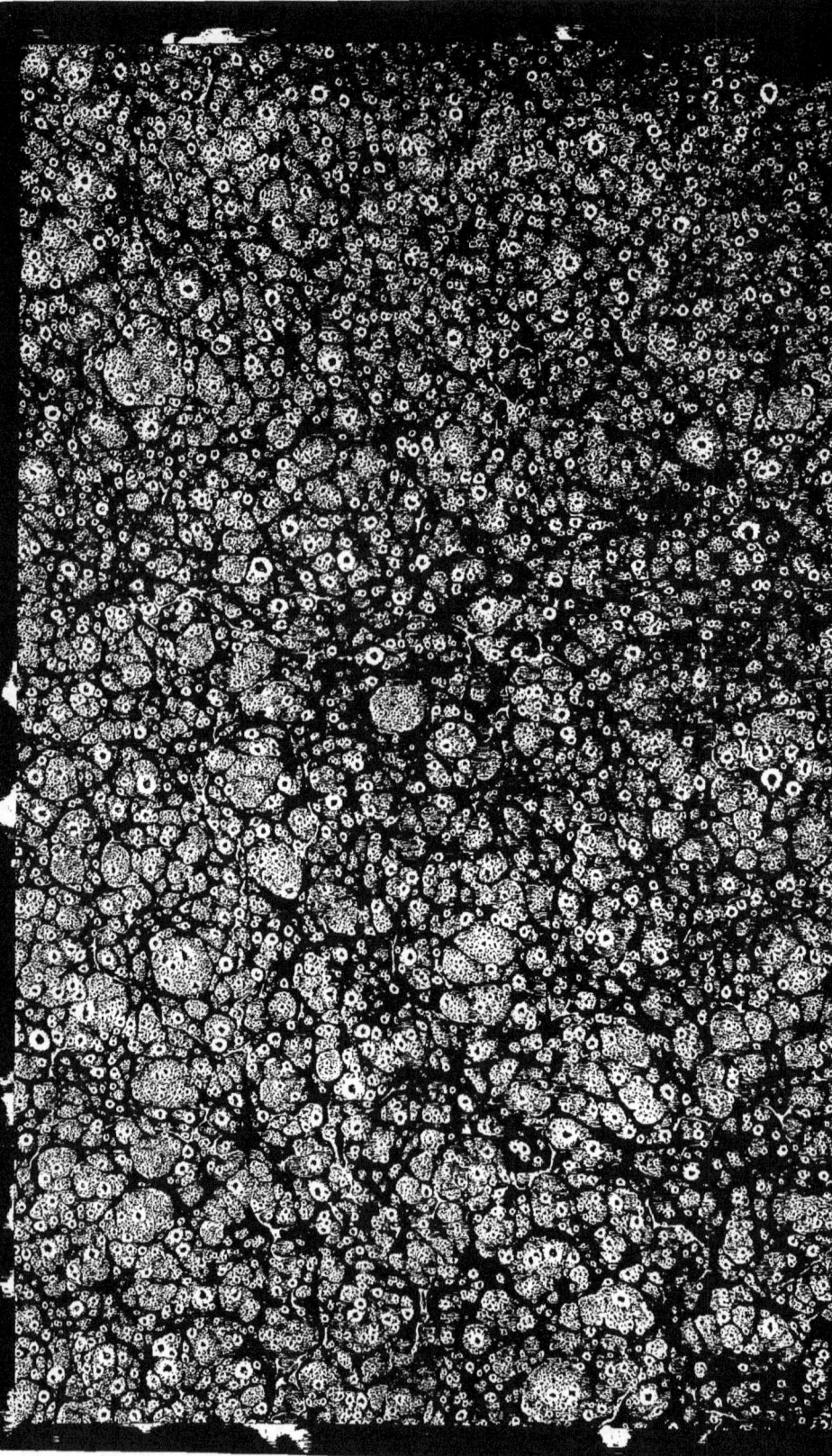

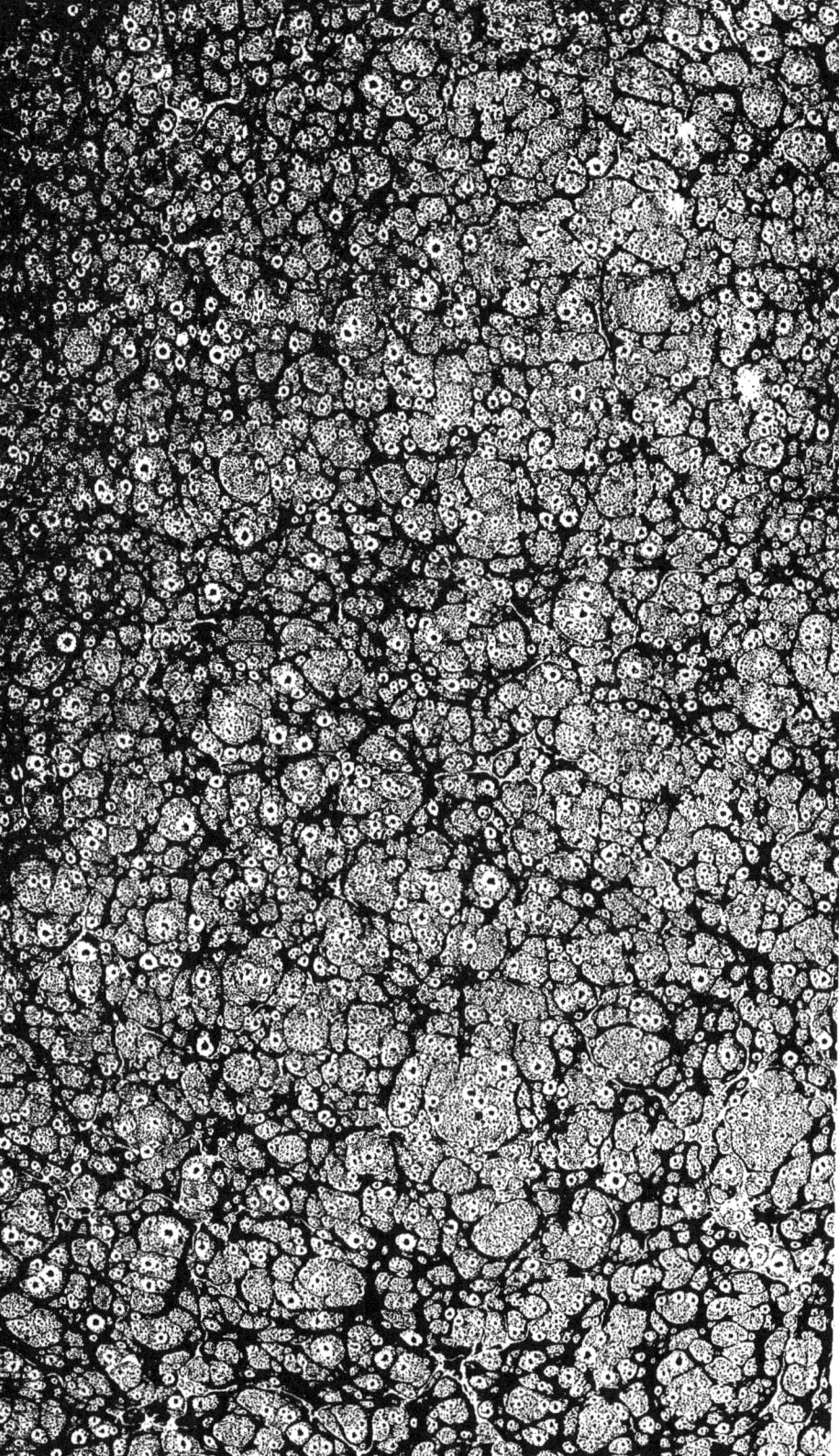

32085

TRAITÉ
DU COMPUT ECCLÉSIASTIQUE,

SUIVI

DE PLUSIEURS CHOSES QUI S'Y RATTACHENT.

TRAITÉ

DU COMPUT ECCLÉSIASTIQUE,

SUIVI

DE PLUSIEURS CHOSES QUI S'Y RATTACHENT;

HISTOIRE

DU CALENDRIER ROMAIN;

CALENDRIER

DE LA RÉPUBLIQUE FRANÇAISE;

PAR J. J. E.^d BERTHON.

NISMES,

IMPRIMERIE DE P. DURAND-BELLE.

1830.

Tout Exemplaire qui ne sera pas revêtu de ma Signature sera déclaré contrefait, et tout contrefacteur poursuivi devant les tribunaux.

PRÉFACE.

PERSUADÉ qu'il était très-difficile d'approfondir le Comput Ecclésiastique dans les ouvrages où il est traité, soit parce qu'ils n'entrent pas dans des développemens assez clairs, soit parce qu'ils se contentent de donner des méthodes sans en faire voir les raisons, soit enfin parce qu'ils sont trop volumineux et écrits en des langues étrangères, j'ai cru me rendre utile en donnant au public un résumé qui renfermât tout ce qu'on pouvait dire sur cet objet, et où rien ne fût avancé sans explication. Quoi de plus ordinaire que de voir des personnes, assez instruites d'ailleurs, arrêtées à la première page de tout livre qui traite du calendrier ! Ces mots : nombre d'or, cycle lunaire, cycle solaire, lettre dominicale, âge de la lune, lettre du martyrologe et autres, en général, ne sont pas compris, ou du moins on n'en a que des idées légères qui s'effacent bientôt, parce que l'on ne connaît pas les principes qu'ils supposent. Que d'ouvrages où l'on voit des méthodes pour trouver l'épacte, la lettre dominicale et la fête de Pâques, pour les 18.me et 19.me siècles ! Mais ces méthodes, étant rendues particulières, deviennent par là même inintelligibles. Parmi les ecclésiastiques, que ceci semble devoir intéresser particulièrement, combien peu ont le temps, dans le cours de leur vie, d'apprendre même à comprendre ce qui forme le premier article des rubriques tant des Missels que des Bréviaires ! J'ai cru leur faciliter cette étude en composant ce Traité qui ne renferme que des méthodes générales, où je donne la manière de trouver le jour de Pâques pour une année quelconque, avant ou après Jésus-Christ, suivant l'ancien ou le nouveau style.

D'ailleurs, si l'église a mis tant de soin à déterminer le jour où elle devait célébrer la fête de Pâques; si elle a rejeté de son sein ceux qui refusaient de se soumettre à ses sages décisions sur cet article, ce qui l'a déterminée à prendre ces mesures, et ce qu'elle a fait est digne, sans doute, de la connaissance de tous ceux qui s'intéressent vraiment à elle, et principalement des ecclésiastiques. Dans ce Traité je n'ai eu d'autre motif que de faciliter en général les moyens d'approfondir tout ce qu'elle a statué pour la célébration des fêtes mobiles et la supputation des temps, et surtout d'épargner aux ecclésiastiques des recherches qui auraient pu les détourner de la vaste et profonde étude à laquelle tous leurs momens doivent être consacrés. Dans quelques jours ils apprendront, en le lisant, ce qu'ils ne découvriraient qu'avec peine, et après beaucoup de temps dans les immenses ouvrages de Clavius, Meliton, Viète, Gassendi, Riccioli et autres qui ont parlé de cette matière avec de grands développemens, sans cependant l'embrasser toute entière. J'ai pris dans ces auteurs ce qui m'a paru le plus clair et le plus utile: j'ai expliqué ce qu'ils ne faisaient pas assez comprendre: et, de beaucoup d'entre eux, j'ai formé un seul tout, que l'on chercherait en vain dans chacun en particulier.

Les seuls ouvrages élémentaires sur le calendrier, dont je crois pouvoir conseiller la lecture, sont ceux de Blondel, de Lalande (8.ᵉ livre de son Astronomie) et de Rivard ; on n'y trouvera cependant rien d'important qui ne se rencontre ici.

Le désir de me rendre utile aux jeunes étudians, m'a engagé à joindre à ce Traité l'Histoire du Calendrier Romain. On ne peut lire les historiens latins sans être arrêté sur les époques qu'ils désignent toujours d'après le calendrier usité chez eux. Les lettres de Cicéron, que l'on explique en 5.me, ne sauraient souvent être comprises entièrement sans une connaissance préalable du Calendrier Romain. Cette connaissance devient bien plus nécessaire dans les classes supérieures.

On ne trouve guère quelques détails sur le Calendrier Romain que dans des Dictionnaires historiques. En général les auteurs qui en ont parlé ne le présentent que d'après la réforme de Jules César. J'ai pensé qu'il serait plus à propos d'entrer dans de plus grands détails, de reprendre ce Calendrier à son origine, de rapporter ses vicissitudes, de faire connaître avec assez de développemens l'origine des termes qu'on y emploie, et de parler des fêtes des Romains et des autres choses qui l'accompagnent. Cependant, tout ce que j'en dirai ne sera qu'un extrait des Traités de Méliton et de Blondel.

Je termine cet ouvrage par un exposé succinct du Calendrier de la République Française ; peut-être se montrera-t-on jaloux d'apprendre jusqu'où a pu se porter l'extravagance de l'esprit humain. Ce n'est pas que je veuille faire douter que ce calendrier n'ait beaucoup d'avantages, mais on sentira aussi qu'il offre encore plus d'inconvéniens.

TABLE DES MATIÈRES

DU TRAITÉ DU COMPUT ECCLÉSIASTIQUE.

Définition du comput ecclésiastique. N.^{os}	1
Division de l'ouvrage.	2

Chapitre Ier
Élémens du comput ecclésiastique.

Division du chapitre.	3

ARTICLE I. *De l'année solaire.*

Distinction de deux années solaires.	4
Définition et expression de l'année sidérale.	5
Noms et définition de l'année tropique.	6–7
Distinction des années communes et des années bissextiles.	8
Différence de l'année tropique Julienne et de l'année tropique Grégorienne; erreur produite par cette différence.	9
Moyens d'obvier à cette erreur; équation solaire. (Note).	10–12
Lettres dominicales.	13
Changement du principe des lettres dominicales dans le nouveau style.	15–16

ARTICLE II. *De l'année lunaire.*

Deux sortes de mois lunaires.	17
Définition et expression du mois périodique.	18
Définition du mois synodique; en quoi il diffère du périodique.	19
Distinction de l'année synodique astronomique et de l'année synodique civile.	20

Table des matières.

Valeurs successives données à l'année synodique. N.ᵒˢ 21

Nécessité d'accorder l'année lunaire avec l'année solaire. 22

Cycle lunaire ou cycle de Méton. 23

Accord de 235 lunaisons de Méton avec 19 années Juliennes. 24

Distribution de 235 lunaisons dans le cours de 19 années Juliennes 25

Nombre d'or. Origine du cycle lunaire. 26

Inexactitude du cycle de Méton ; correction de ce cycle d'après la valeur donnée à l'année lunaire du temps de Grégoire XIII. 27

Règles de l'equation lunaire. Nouvelle équation produite par la petite erreur que laisse la première. (Note.) 28–30

CHAPITRE II.

Application des élemens du comput ecclésiastique au calendrier.

Usage du nombre d'or. Calendrier de la primitive église ; nécessité de lui en substituer un autre. 31

ARTICLE 1.ᵉʳ *Du calendrier de la primitive église, comment on y a placé le nombre d'or.*

Distribution du nombre d'or dans le calendrier, faite l'an 323, par les chrétiens d'Alexandrie. 32

Commencement du cycle lunaire ramené à l'instant où l'année solaire et l'année lunaire commençaient ensemble leur révolution. 36

Raisons de la distribution du nombre d'or dans le calendrier, et surtout de l'insertion irrégulière des lunaisons embolismiques 34

Particularités du calendrier de la primitive église :
1.ᵒ chaque nombre d'or est produit en ajoutant 8 à celui qui le précède, ou bien en ôtant 11 de celui qui le précède encore.

Table des matières.

2.° Tout nombre d'or est produit de celui qui le suit, par l'addition de 11, ou, ce qui revient au même, par la soustraction de 8 ;
3.° Le nombre d'or plus grand est placé sous le plus petit, en laissant un siége vide, et le plus petit sous le plus grand immédiatement. Exceptions à cette règle ; raisons de ces exceptions ;
4.° Chaque nombre d'or précède de 11 jours celui qui est moindre d'une unité. Exceptions ; raisons de ces exceptions. N.ºs 35

ARTICLE II. *Réformation du calendrier de la primitive église.*

Retard des nouvelles lunes, à cause de l'inexactitude du cycle de Méton. Réformation annuelle des Bréviaires et des Missels. Complication de l'erreur à raison de l'équation solaire. Formation de 30 calendriers. Moyen d'obvier à cette multiplication de calendriers. 36
Des épactes. Nom et usage des épactes. Pourquoi l'astérisque tient lieu de O et de XXX. 37
Formation et explication de la table étendue des épactes. 38
Lettres indices. 39

ARTICLE III. *Formation du calendrier Grégorien.*

Pourquoi les épactes ont été décrites dans le calendrier en un ordre rétrograde. 40
Nécessité de l'accumulation de deux épactes. 41
Deux nouvelles lunes ne peuvent arriver dans l'espace de 19 ans en aucun des jours où deux épactes sont accumulées. Pourquoi l'épacte 25, en chiffre arabe, se trouve en certains lieux du calendrier et de la table étendue des épactes. 42–43

Pourquoi l'épacte 19 se trouve dans le calendrier au 31 décembre. N.os 44

CHAPITRE III.

Règles qui déterminent, dans le calendrier, les fêtes mobiles.

Division de ce chapitre. 45

ARTICLE I.er *Règles du Concile de Nicée pour la célébration de la Pâques.*

La Pâques doit être célébrée le Dimanche qui suit immédiatement le 14.me jour du 1.er mois de la lune, ou la Pâques des Juifs. Le 1.er mois lunaire, chez les Juifs, a toujours 29 jours, et est celui qui tombe au jour de l'équinoxe fixé par le Concile au 21 mars, ou qui le suit de plus près. 46

Ce premier mois doit commencer tout au plus le 8 mars, et tout au moins le 5 avril. 47

Raison qui a fait accumuler les épactes XXIV et XXV de préférence aux autres. 48

Nombre des lunes pascales. Bornes Pascales. Jours Pascals. 49

ARTICLE II. *Principes que suppose le calendrier pour la détermination du jour de Pâques.*

Division de cet article. 50

§. I. Trouver le nombre d'or d'une année quelconque.

Principe. 51
Méthode pour les années qui ont précédé notre ère. 52
Méthode pour les années qui ont suivi notre ère. 53

§. II. Trouver l'épacte d'une année quelconque.

Division de ce paragraphe. 54

Table des matières.

SECTION I.re

Formation de l'équation des épactes.

Principes admis et règles établies du temps de Grégoire XIII, concernant la formation de l'équation des épactes.	N.os 55
Table pour les 19 premiers siècles, formée d'après ces principes et ces règles.	56
Trois règles invariables pour la continuation de cette table.	57
Application des mêmes règles aux années antérieures à 1600. Formation d'une nouvelle table, d'après ces mêmes règles.	58
Accord des tables n.os 56 et 58. (Note).	59
Grande période de 300,000 ans.	60

SECTION II.

Règles pour trouver l'équation solaire et l'équation lunaire d'une année quelconque.

Méthode pour l'équation solaire : 1.º avant J. C. ; 2.º après J. C.	61
Méthode pour l'équation lunaire : 1.º Avant J. C. ; 2.º après J. C. — Remarque : Autre méthode pour trouver l'une et l'autre équations. Cette dernière méthode est plus simple.	62

SECTION III.

Trouver la lettre indice d'un siècle quelconque.

Méthode pour les siècles avant J. C.	63
Méthode pour les siècles après J. C. — Remarque analogue à celle du n.º 62.	64

SECTION IV.

Au moyen de la lettre indice et du nombre d'or, déterminer l'épacte.

Méthode d'après la table étendue des épactes.	65

Table des matières.

Autre méthode, au défaut de cette table : 1.° pour l'ancien style ; 2.° pour le nouveau style. N.ᵒˢ 66

Tableau très-simple pour déterminer l'épacte. Explication de ce tableau. 67

§. III. Trouver le cycle solaire et la lettre dominicale d'une année quelconque.

Principe pour le cycle solaire. 68

Règles pour trouver le cycle solaire d'une année quelconque : 1.° Avant J. C. ; 2.° après J. C. 69

Règle pour trouver la lettre dominicale d'après l'ancien style, déduite du cycle solaire. Autre méthode au défaut de ce cycle : 1.° pour les années après J. C. ; 2.° pour les années avant J. C. 70

Principe pour trouver la lettre dominicale d'après le nouveau style. 71

Méthode pour les années, 1.° qui ont précédé notre ère ; 2.° qui l'ont suivie. 72

Méthode pour connaître si une année est bissextile ou non. 73

ARTICLE III. Trouver le jour de Pâques pour une année quelconque.

Principes pour trouver le jour du mois civil où tombe le 1.ᵉʳ jour du 1.ᵉʳ mois lunaire, et le 14.ᵐᵉ de la lune Pascale. 74

Détermination du jour de la semaine où tombe ce quatorzième. 75

Tableau qui donne le jour de Pâques au moyen de l'épacte et de la lettre dominicale. Explication et usage de ce tableau ; comment il convient aussi au nombre d'or. 76

Formation de la table Pascale que l'on trouve dans les Missels et les Bréviaires. 77

Trouver le jour de Pâques suivant l'ancien style. 78

Table des matières.

Différence entre l'ancien et le nouveau style sur le jour de Pâques.

Différence d'un mois. Explication.	N.os 79
Différence de 7 jours. Explication.	80—81
Double différence d'un mois et de 7 jours, ou de 35 jours. (Note.)	82

ARTICLE IV. *Trouver les autres fêtes mobiles d'une année quelconque.*

Détermination du jour des cendres et du dimanche de la Septuagésime.	83
Détermination de l'Ascension, de la Pentecôte, de la Trinité et de la Fête de Dieu.	84
Trouver le nombre de Dimanches qui se rencontrent entre l'Épiphanie et la Septuagésime.	85
Déterminer le premier Dimanche de l'Avent.	86
Trouver le nombre de Dimanches compris entre la Pentecôte et le premier Dimanche de l'Avent. (Nota.)	87
Détermination des Quatre Temps. Remarque sur les Quatre Temps.	88
Les Rogations, la Compassion, St-Mathias, St-André, St-Thomas, l'Annonciation, la Conception. Suivant le rit Parisien, la fête des Cinq Plaies, la Susception de la couronne d'épines, Ste-Honorine.	89
Fêtes chômées.	90
Des Vigiles.	91
Transposition des Jeûnes de Vigiles.	92
Des Dimanche de l'année.	93
Termes des fêtes mobiles.	94

CHAPITRE SUPPLÉMENTAIRE

De plusieurs choses qui ont rapport au comput ecclesiastique.

Division de ce chapitre.	95

ARTICLE Ier *Trouver l'âge de la lune au moyen de l'épacte.*

Distinction de l'âge vrai et de l'âge moyen de la lune. L'astronomie et l'observation font connaître le premier, l'épacte donne le second. Leur différence ; d'où elle provient.	96
Ouvrages qui donnent l'âge vrai de la lune.	97
Première méthode pour trouver l'âge moyen de la lune. Explication.	98
Seconde méthode. Explication.	99

ARTICLE II. *Du martyrologe.*

Ce que c'est que le martyrologe.	100
Ce qui se trouve dans le martyrologe par rapport au calendrier.	101
Méthode ingénieuse dont on s'est servi pour fixer d'une manière invariable, à chaque jour d'une année quelconque, l'âge de la lune. Lettres indices prises pour épactes. Deux mêmes lunes ne sont pas indiquées en un même jour, quoiqu'en un même jour deux lettres aient le même numéro. Explications.	102—106
Méthode pour former de suite le tableau synoptique d'un jour quelconque.	107
Observation sur l'épacte 19.	108
Trouver la lettre du martyrologe pour une année quelconque.	109

ARTICLE III. *Jours de la semaine ; division du jour.*

Raison des noms que portent les jours de la semaine.	110
Noms des jours de la semaine chez les Juifs.	111
Noms donnés par l'église aux jours de la semaine.	112
Division du jour et de la nuit, en *heures* et *vigiles*, selon le rit de l'église. Extension du mot *vigile*.	113

Table des matières.

ARTICLE. IV. *De quelques cycles, périodes et ères.*

Ce qu'on entend par cycle. Double acception de ce mot.	N.ºs 114
Cycle d'indiction, son origine. Méthode pour trouver le cycle d'indiction d'une année quelconque. Cycle solaire; cycle lunaire.	115
Période Julienne : sa formation, son origine; moyen d'y rapporter une ère quelconque, et réciproquement. Périodes Dionysienne et Ludovicienne.	116
Période chaldaïque ou *Saros*.	117
Ère des olympiades; son origine; méthode pour la ramener à l'ère chrétienne ou à la période Julienne.	118
Ère de la fondation de Rome.	119
Ère de Nabonassar.	120
Hégire; années Arabes.	121
Origine du mot ère.	122

PLANCHES.

Calendrier de la primitive église.	1.re
Table étendue des épactes.	2.
Calendrier Grégorien.	3.
Table Pascale perpétuelle.	4.
Table perpétuelle des fêtes mobiles.	5.
Table temporelle des fêtes mobiles.	6.
Calendrier des fêtes immobiles.	7.

Fin *de la Table des matières contenues dans le Traité du comput ecclésiastique.*

TABLE DES MATIÈRES

CONTENUES DANS L'HISTOIRE DU CALENDRIER ROMAIN.

———

Avant propos.   N.os 1

CHAPITRE I.er

Année des Grecs.

Ils font accorder l'année lunaire avec l'année solaire au moyen d'un mois intercallaire.	2
Mois embolismiqhe de 45 jours. Jeux olympiques.	3
Période de 8 années et bientôt de 11.	4
Période de Méton de 19 années.	5

CHAPITRE II.

Calendrier de Romulus.

Année de 10 mois. Etymologie des noms de ces mois.	6
Division des mois en nones, ides et calendes. Étymologie de ces mots.	7
Origine du mot calendrier.	8
Vers pour exprimer les inégalités des mois.	9
Explication du calendrier de Romulus.	10

CHAPITRE III.

Calendrier de Numa P.

Numa emprunte l'année des Grecs ; il dispose su-

Table des matières.

perstitieusement les jours des mois; il forme deux nouveaux mois. Etymologie des noms qu'il leur donne.	N.ºs 11
Usage qu'il fait de l'intercallation grecque de 45 jours au moyen du mois *Mercedonius*.	12
Précaution pour accorder entièrement l'année romaine avec l'année grecque.	13
Négligence des Pontifes.	14

CHAPITRE IV.

Calendrier de Jules César.

César établit l'année solaire; il dispose mieux les jours des mois.	15
Il forme une période de 4 ans. Années bissextiles.	16
Il ramène le commencement de l'année vers le solstice d'hiver. Année de confusion.	17
Origine des noms que portent les mois de juillet et d'août.	18
Erreur des Pontifes sur la période de 4 ans.	19
Influence de cette erreur sur les lettres dominicales.	20

CHAPITRE V.

Explication du calendrier complet de Jules César.

Ce que renferment les six colonnes du calendrier complet de Jules César.	21
Lettres nundinales; ce qu'elles signifient.	22
Jours fastes, jours néfastes, jours comitiaux. Explication de plusieurs signes du même calendrier.	23
Des nombres d'or.	24
La quatrième colonne ajoutée au calendrier.	25
Les corrections de Numa, ainsi que celles de César, n'ont rien changé à la disposition des calendes, ides et nones.	26

Des choses que renferme la dernière colonne. N.os 27

Chapitre VI.

Peuples qui ont admis le calendrier de Jules César ; Histoire de leur propre calendrier.

Le calendrier de Jules César admis principalement par les Perses, les Egyptiens et les Caldéens. Premier calendrier de ceux-ci ; période au bout de laquelle le premier jour de leur année devait parcourir toutes les saisons. 28

PLANCHES.

Calendriers de Romulus et de Numa. 1.re
Calendrier de Jules César. 2.

Fin de la Table des matières contenues dans l'Histoire du calendrier romain.

TABLE DES MATIÈRES

DU CALENDRIER DE LA RÉPUBLIQUE FRANÇAISE.

Observations sur ce calendrier. N.ºs 1
Division du Traité. 2

CHAPITRE Ier

Décret de la convention nationale.

Ère de la république. Ère vulgaire abolie. 3
Commencement de l'année suivant la nouvelle ère. 4
Division de l'année en 12 mois de 30 jours et en 5 jours complémentaires. 5
Division du mois. *Décades.* 6
Jour de la révolution. Franciade. 7
Divisions du jour, de l'heure, de la minute, etc. 8

CHAPITRE II.

Explication des différentes choses qui entrent dans le calendrier de la république française.

Division du chapitre. 9

ARTICLE Ier *Des mois.*

Étymologie des douze mois qui composent l'année. 10
Harmonie imitative et prosodie des noms des mois; mécanisme de leur désinence. 11
Ce que l'ont sent par la seule prononciation du nom des mois. 12

ARTICLE II. *Des Décades.*

Avantages de la division par décades. 13—14

ARTICLE III. *Des jours.*

Nature des choses qui ont été placées à côté de chaque jour de l'année dans le calendrier.	N.ºs 15
A chaque quintidi est inscrit un animal domestique, et à chaque décadi un instrument aratoire.	16—18
Réflexions sur les dispositions précédentes.	19

ARTICLE IV. *Des sans-culotides et des fêtes.*

Noms divers donnés aux 5 derniers jours de l'année.	20
Étymologie du mot *sans-culote*.	21
Noms des 5 jours sans-culotides. 6.me sans-culotide.	22
Description des fêtes célébrées aux jours sans-culotides.	23
Fête du sextidi des sans-culotides.	24
Toutes les décades sont fêtées.	25

CHAPITRE III.

Ère de la république, moyen d'y ramener l'ère vulgaire, et réciproquement.

Complication de l'ère de la république.	26
Principes pour ramener l'ère vulgaire à l'ère de la république, et réciproquement. Deux tableaux à cet effet. Règles pour se passer du second tableau.	27
Rapporter une année quelconque de l'ère vulgaire à l'ère de la république.	28
Réciproque.	29
Rapporter un jour d'une année proposée, de l'ère vulgaire à l'ère de la république.	30
Observation par rapport au n.° 28.	31

Table des matières. 23

Traduire en style vulgaire une date nouvelle. N.ᵒˢ 32
Trouver l'âge de la lune suivant le calendrier de
   la république. 33

PLANCHE UNIQUE.

Calendrier de la république.

Fin de la table des matières contenues dans le calendrier de la république.

TRAITÉ

DU

COMPUT ECCLÉSIASTIQUE.

1. On appelle comput ecclésiastique l'assemblage des supputations qui servent à régler le calendrier ecclésiastique.

2. Nous ferons d'abord connaître les élémens du comput ecclésiastique, ensuite leur application au calendrier, et enfin les règles qui déterminent, dans ce calendrier, les fêtes mobiles.

CHAPITRE I.er

ÉLÉMENS DU COMPUT ECCLÉSIASTIQUE.

3. Les élémens du comput ecclésiastique sont l'année solaire et l'année lunaire.

ARTICLE I.er

De l'année solaire.

4. On distingue deux années solaires : l'année sidérale et l'année tropique.

5. L'année sidérale est l'espace de temps qui s'écoule depuis le moment où le soleil est en con-

jonction avec une étoile fixe, jusqu'à ce qu'il revienne à la même étoile ; elle est de 365 jours 6 heures 9 minutes 11 secondes ; elle n'entre point dans notre objet.

6. L'année tropique est le temps qui s'écoule depuis que le soleil a passé par un des points des solstices, ou des équinoxes, ou par tout autre point fixe de l'écliptique jusqu'à ce qu'il revienne au même point.

7. L'année tropique, autrement dite l'année naturelle ou astronomique, est encore appelée année civile, lorsqu'on ne donne à sa durée qu'un nombre entier de jours.

8. L'année tropique fut d'abord estimée, par les premiers observateurs, égale à 365 jours, et bientôt à 365 jours 6 heures. Comme ces 6 heures en quatre ans produisent un jour, Jules César ordonna qu'au bout de quatre ans on ajoutât un jour à l'année. On appelle bissextile, l'année où se fait cette intercallation, parce que chez les Romains le jour intercallaire, que l'on ajoutait au mois de février, était appelé *bis sexto calendas*. On distingue donc les années communes de 365 jours et les années bissextiles de 366.

9. Cependant, lors de la tenue du Concile de Nicée, l'an 325, les observations ayant fait voir que l'équinoxe du printemps arrivait le 21 mars ; et les observations faites en 1582 montrant que le même équinoxe arrivait le 11 mars, il fut facile d'apercevoir que l'on donnait à l'année une valeur trop forte. Grégoire XIII fit donc calcu-

ler le mieux qu'il fut possible, d'après les tables astronomiques qui existaient alors, l'année sidérale moyenne qui fut ainsi trouvée de 365 jours 5 heures 49 minutes 16 secondes 23 tierces, ou de 365 jours 2425508 en fractions décimales. L'année Julienne, de 365 jours 75 minutes, était donc trop forte de 0 jours 0074492, différence qui, depuis l'an 325, jusqu'en 1582, ou en 1257 ans, avait produit une erreur de 9 jours 3636444, c'est-à-dire que l'équinoxe du printemps tombait le 10.me jours avant le 21 mars où il se trouvait en 325.

10. Pour réparer ce retard de 10 jours, l'on ordonna que le lendemain du 4 octobre 1582 s'appellerait, non le 5, mais le 15 octobre, ce qui remit l'équinoxe du printemps de l'année suivante au 21 mars. On continua ensuite à employer l'intercallation Julienne d'un jour tous les 4 ans; en sorte que toutes les années dont le nombre est divisible par 4, sont bissextiles. Mais pour empêcher que désormais l'équinoxe du printemps ne quittât la place que lui avait trouvée le Concile de Nicée, comme en 400 ans l'erreur 0 jours 0074492 produisait 2 jours 97968 ou 3 jours moins 0 jours 02032, on convint sur 4 siècles d'en faire 3 dont la dernière année ne serait pas bissextile; qu'ainsi, par exemple, l'an 1600 serait bissextile, et 1700, 1800 et 1900 ne le seraient pas; que 2000 le serait encore, tandis que 2100, 2200, 2300 ne le seraient pas; de sorte qu'il n'y eût que les siècles dont le nombre serait divisible par 4 qui conservassent le bissexte en leur dernière année.

La manière de compter d'après cette correction s'appelle nouveau style.

11. Par ce moyen, l'on n'eut plus qu'une erreur de 1 jour 016 en arrière en 20,000 ans, c'est-à-dire qu'il faudrait après 20,000 ans ne pas omettre un des bissextes séculaires ; mais on jugea à propos de ne pas avoir égard à ce reste ; d'abord, parce que la valeur moyenne de l'année pouvait bien n'avoir pas été parfaitement indiquée ; en second lieu, parce que, dans les siècles à venir, il sera facile, si les observations montrent que l'équinoxe du printemps suit ou précède d'un jour le 21 mars, d'ajouter ou d'omettre un bissexte (1).

12. Ce retranchement d'un bissexte, en certains siècles, fut appelé *équation solaire* ou *proemptose*.

---

(1) La vraie moyenne année solaire a été trouvée par M. Delambre, égale à 365 jours 242264 ; la différence avec l'année Julienne est donc de 0 jours 007736, ce qui donne, en 400 ans, 3 jours 0944. L'erreur de l'intercallation séculaire est donc de 0 jours 944 tous les 4000 ans ; et si, après cet espace de temps, on fait une équation solaire, l'erreur sera de 0 jours 056 en dessous tous les 4000 ans ; pour y obvier on n'aurait qu'à ajouter un bissexte tous les 80,000 ans, ce qui laisse encore une erreur de 0 jours 12 tous les 80,000 ans ; si l'on ajoutait encore un bissexte tous les 800,000 ans l'erreur serait réduite à 0 jours 2 pour 800,000 ans. Enfin, en ajoutant deux bissextes aux derniers siècles, tous les 8,000,000 d'années, l'erreur serait nulle, et l'on aurait ainsi une période complète de 8,000,000 d'années.

Du cycle solaire et des lettres dominicales.

13. L'année commune étant composée de 365 jours, ou 52 fois 7 jours plus 1, il s'ensuit que, lorsque l'année commencera par un dimanche, elle finira également par un dimanche, et que, par conséquent, le premier jour de l'année suivante sera un lundi, ainsi de suite : en sorte que, s'il n'y avait point d'années bissextiles, les quantièmes des mois, de sept en sept ans, tomberaient aux mêmes jours de la semaine. Mais comme l'on pensait, avant la réformation, que tous les 4 ans il devait y avoir un bissexte, l'on crut que cet ordre revenait au bout de 28 ans ; et c'est cette révolution de 28 ans qu'on appelle *cycle solaire*. Le vrai cycle solaire, en tenant compte de l'équation solaire, est de 400 ans ; mais l'on est convenu de conserver celui de 28 ans, en le modifiant dans son usage par l'équation solaire.

Le cycle solaire est ainsi appelé, non à cause du cours du soleil avec lequel il n'a aucun rapport, mais parce que le dimanche étant autrefois appelé jour du soleil, *dies solis*, et que les lettres dominicales, ou celles qui servent à marquer le dimanche dans le calendrier, sont précisément celles pour lesquelles ce cycle a été inventé.

On suppose que le cycle dans lequel J. C. est né a précédé sa naissance de 9 ans, et que la première année de ce cycle était bissextile.

14. Les sept premières lettres de l'alphabet A, B, C, D, E, F, G, que l'on place successivement

dans le calendrier à côté des jours de chaque mois, servent à marquer les jours de la semaine, et on les appelle *lettres dominicales*, parce que celle qui est affectée à une année est celle qui indique les dimanches de l'année.

La lettre dominicale de la 1.re année de l'ère vulgaire a été B, parce que la lettre dominicale de la 1.re année du cycle solaire est supposée être F, comme on le voit dans le tableau suivant (1) :

Années du cycle.	1	2	3	4	5	6	7	8	9	10
Années de l'ère vulg.	−9	−8	−7	−6	−5	−4	−3	−2	−1	1
Lettres Dom. suivant l'ancien style	G F	E	D	C	B A	G	F	E	D C	B
Suivant le nouveau style.	E D	C	B	A	G F	E	D	C	B A	G
Années du cycle	11	12	13	14	15	16	17	18	19	20
Années de l'ère vulg.	2	3	4	5	6	7	8	9	10	11
Lettres Dom suivant l'anc. style.	A	G	F E	D	C	B	A G	F	E	D
Suivant le nouveau style.	F	E	D C	B	A	G	F E	D	C	B
Années du cycle.	21	22	23	24	25	26	27	28	1	2
Années de l'ère vulg.	12	13	14	15	16	17	18	19	20	21
Lettres Dom suivant l'anc. style.	C B	A	G	F	E D	C	B	A	G F	E
Suivant le nouveau style.	A G	F	E	D	C B	A	G	F	E D	C

(1) Lorsque nous parlerons des années qui ont précédé notre ère, pour les désigner comme telles, nous nous contenterons de leur donner le signe négatif —. Ainsi l'an −9 signifiera l'an 9 avant Jésus-Christ.

15. En 1582, on passa du 4 octobre au 15 du même mois ; or, comme alors la lettre dominicale était G, et que, dans le calendrier, le 4 octobre a D, il s'ensuit que le 4 octobre était un jeudi, de sorte que le jour suivant ou le 15 fut un vendredi sous la lettre A, le 16 un samedi sous B, le 17 un dimanche sous C ; ainsi la lettre C devient la dominicale du reste de l'année qui, dans le commencement, avait G.

16. Mais, par le retranchement de 10 jours, on suppose l'équation solaire de 10 jours seulement en 1582, tandis qu'elle est réellement de 12 jours (n.° 61) ; cependant, les choses devant être ainsi établies, l'on a deux lettres dominicales de trop si l'on suppose toujours à l'an 1 de J. C., la lettre B ; mais tout est compensé si l'on donne à l'an 1 la lettre qui suit B de deux rangs, ou G ; c'est, en effet, ce dont on est convenu. D'ailleurs, si l'on part de l'an 1582, auquel est fixée la lettre C, on verra que la lettre G convient à l'an 1 : en effet, en 1582 ans, on a 12 équations solaires et 395 bissextes qui se réduisent à 383 ; ce qui donne 1582 plus 383 ou 1965 lettres dominicales, ou 280 fois 7 lettres plus 5 lettres à partir de C pour 1, de D pour 2, de E pour 3, de F pour 4 et de G pour 5. Nous commençons à compter le reste sur C et de C en D, parce qu'il faut aller en reculant, et que nous donnons à l'an 1582 la lettre C. Ce changement de lettre provient donc de l'omission de l'équation solaire jusqu'en 325 exclusivement.

Article II.

De l'année lunaire.

17. L'année lunaire se compose de douze lunaisons ou mois lunaires. On distingue deux sortes de mois lunaires : le mois périodique et le mois synodique.

18. Le mois périodique est le temps que la lune emploie à parcourir l'écliptique, ou à revenir au point d'où elle était partie ; il est de 27 jours 7 heures 43 minutes 7 secondes ; il n'est d'aucune utilité pour le calendrier.

19. Le mois synodique est l'espace de temps qui s'écoule entre deux conjonctions consécutives du soleil et de la lune ; ou, ce qui revient au même, le temps qu'il y a d'une nouvelle lune à la nouvelle lune suivante. Il diffère du périodique, de tout le temps que la lune emploie à parcourir cette partie du zodiaque dans laquelle le soleil s'est avancé, pendant qu'elle a fait un tour entier depuis leur conjonction.

20. L'année synodique est dite astronomique ou civile, selon qu'on lui donne sa valeur rigoureuse avec minutes, secondes, etc., ou qu'on ne lui donne qu'un nombre entier de jours.

21. Le mois synodique fut d'abord estimé égal à 29 jours 12 heures ; bientôt à 29 jours 12 heures 44 minutes, et du temps de Méton l'athénien à 29 jours 12 heures 44 minutes 25 secondes 31 tierces 54 quatrièmes 53 cinquièmes ou 29 jours 5308510638 en fractions décimales. Cette der-

nière valeur du mois synodique continua d'être employée jusqu'au temps de la réforme, auquel temps les résultats des meilleures tables astronomiques ont fait voir, que la valeur moyenne du mois synodique était de 29 jours 12 heures 44 minutes 3 secondes 10 tierces 48 quatrièmes, ou de 29 jours 5305923611 en fractions décimales.

22. L'année lunaire ne saurait être d'un usage commode, si on ne l'accordait avec l'année solaire. Les anciens, qui sentirent cette vérité, eurent recours à de fréquentes intercallations pour obtenir cet accord, sans trouver aucune méthode invariable jusqu'au temps du célèbre Méton, qui inventa un cycle de 19 ans, au moyen duquel il faisait accorder 19 années solaires avec un certain nombre de mois lunaires.

Du cycle lunaire et du nombre d'or.

23. Méton, célèbre astronome d'Athènes, trouva, environ 439 ans avant J.C., qu'au bout de 19 années solaires de 365 jours 6 heures, les nouvelles lunes revenaient aux-mêmes jours auxquels elles étaient arrivées 19 années auparavant, et que, dans cet espace de temps, il s'écoulait 235 lunaisons. Cette révolution de 19 années fut appelée *cycle lunaire* ou cycle de Méton.

24. Méton supposait le mois lunaire égal à 29 jours 5308510638, valeur qui, répétée 235 fois, donne le même nombre que 19 fois la valeur d'une année Julienne ou de 365 jours 25, c'est-à-dire 6939 jours 18 heures. Après cette découverte on

n'eut plus qu'à distribuer 235 lunaisons en 19 années Juliennes, ce qui se fit en la manière que nous allons exposer.

25. Dans 235 on a 19 fois 12 plus 7 ; de ces 235 lunaisons, on forma donc une période de 19 années, dont 12 de 12 lunaisons et 7 de 13 ; à ces dernières on donna le nom d'années embolismiques, ce sont les $3.^e$, $6.^e$, $9.^e$, $11.^e$, $14.^e$, $17.^e$ et la $19.^e$ dont le $13.^e$ mois ne fut que de 29 jours, tandis que le $13.^e$ des six autres fut de 30 jours. On fit les lunaisons de chaque année de 30 et de 29 jours successivement, ce qui fit donner aux premières le nom de lunaisons pleines et aux autres celui de lunaisons caves. Ainsi ces 19 années donnent 6935 jours ; il en manque encore 4 et 18 heures, qui sont justement la valeur des bissextes de 19 années communes, on convint donc d'ajouter ces bissextes dans les années bissextiles à la lunaison qui renferme le vingt-neuvième jour de février, et cette lunaison a 30 jours au lieu de 29, ou 31 au lieu de 30.

26. Les Athéniens frappés de la découverte de Méton qui leur servait à déterminer les nouvelles et les pleines lunes, faisaient écrire chaque année, en lettres d'or, dans la place publique, le nombre qui exprimait l'année du cycle lunaire. De là vient que ces nombres sont appelés nombres d'or.

Le cycle lunaire dans lequel J. C. est né a précédé sa naissance d'une année ; ainsi la première année de notre ère était la seconde du cycle lunaire.

27. Le cycle de Méton serait parfait si la valeur qu'il suppose au mois lunaire était exacte, mais comme la vraie valeur moyenne déterminée par les soins de Grégoire XIII est de 29j. 5305923611 au lieu de 29 jours 5308510638, la différence 0,0002587027 devient 0,0607951345 ou 1 heure 27 minutes 32 secondes 42 tierces après 235 lunaisons ; donc, à la fin de 19 ans, les nouvelles lunes arrivent 1 heure 27 minutes 32 secondes 42 tierces plutôt que 19 ans auparavant. Cela forme 1 jour en 312 ans et demi et de plus 0 an 025 ou 9 jours 3 heures ; ce que l'on trouve en établissant cette proportion, $0{,}0607951345 : 19 :: 1 : x = 312$ ans 525, ou en divisant 19 par 0,0607951345.

28. Pour tenir compte de cette différence, on fait une correction dans les années séculaires seulement. Les 312 ans et demi font une équation d'un jour tous les 300 ans ; mais ensuite tous les 2400 ans il y a 100 ans de retard ; et l'équation d'un jour est reculée d'un siècle, parce que 12 ans et demi, omis tous les 300 ans, font un siècle après 2400 ans.

29. C'est sur ce dernier résultat de 312 ans et demi qu'est réglée l'équation lunaire, autrement dite la *Métemptose*, par laquelle on ajoute à l'année un jour pour chaque espace de 300 ans, excepté la huitième fois où l'on attend 400 ans. En conséquence après chaque espace de 2500 ans on ajoute 8 jours entiers.

30. On omet encore, par cette méthode, 0 an 025 tous les 300 ans ; on omet donc 300 ans en

3,600,000 ans; car 0,025 : 300 :: 300 : x=3,600,000; c'est-à-dire qu'après ce temps, il faudrait faire une équation de plus; mais on néglige cette différence de 0 an 025, parce que cette période excède de beaucoup les plus longues périodes en usage dans le calendrier, et que d'ailleurs, comme on le verra par la formation de ce dernier, il sera facile de substituer dans le temps une équation que l'expérience montrera nécessaire (1).

CHAPITRE II.

APPLICATION DES ÉLÉMENS DU COMPUT ECCLÉSIASTIQUE AU CALENDRIER.

31. Comme l'usage du nombre d'or fut, avant les corrections introduites par Grégoire XIII en 1582, de désigner les nouvelles et pleines lunes dans le calendrier, nous allons montrer comment on dut l'y placer pour cet effet, et examiner pourquoi il a fallu, depuis Grégoire XIII, substituer une au-

---

(1) M. Delambre a trouvé le vrai mois lunaire de 29 jours 530588; la différence avec le mois de Méton est donc 0 jour 000263; après 235 lunaisons, elle devient 0 jour 061805, ce qui forme 1 jour en 307 ans 418. Faisant les équations de la manière indiquée aux n.ºs 28, 29, on prend de trop 312 ans 5 moins 307 ans 418, ou 5 ans 082 tous les 300 ans; on omet donc 300 ans tous les 17709 ans, car on a 5 jours 082 : 300 :: 300 : x=17709 ans. Après ce temps, il faudrait donc omettre une équation.

tre méthode à celle du nombre d'or pour désigner les mêmes lunes ; ce qui nous conduira à expliquer le calendrier Grégorien.

Article I.

Du calendrier de la primitive église ; comment on y a placé le nombre d'or.

32. Ce furent les chrétiens d'Alexandrie qui, 2 ans avant la tenue du Concile de Nicée, c'est-à-dire en 323, pensant, comme Méton, que les nouvelles lunes revenaient après 19 ans aux-mêmes jours que 19 ans auparavant, placèrent dans le calendrier les 19 nombres d'or aux jours où tombaient les nouvelles lunes. Or, ils prirent pour première année du cycle celle où ils se trouvaient, en laquelle la nouvelle lune pascale, la plus proche de l'équinoxe du printemps, se rencontrait au 23.me jour de mars ; ils donnèrent pour ce sujet le nombre d'or I à ce jour ; ils distribuèrent ensuite ce même nombre en dessus et en dessous par lunaisons alternativement de 30 et de 29 jours, de manière cependant que la lunaison qui se terminait au 22 mars eût 30 jours. Par ce moyen la dernière et douzième lunaison, sous le nombre d'or I, fut terminée au 12 décembre, et il resta cette année 19 jours appartenant à la première lunaison, sous le nombre d'or II, d'après le principe : *In quo completur mensi lunatio detur.* Les 12 lunaisons, sous le nombre d'or II, se terminant au 1.er décembre, on fit des 30 jours qui

restent la première lunaison embolismique de 30 jours (n.º 25), ce qui fit placer le nombre d'or III au 1.ᵉʳ janvier. Continuant de placer le nombre d'or III comme les autres, on eut 11 jours de reste après la 12.ᵐᵉ lunaison, c'est-à-dire l'excès de l'année solaire sur l'année lunaire, l'une étant de 365 jours et l'autre de 354. Le nombre d'or IV, placé de même, laissa un excès de 22 jours ; sous le nombre d'or V, l'excès devait être de 33 jours, mais, en cette année, on plaça le second mois embolismique de 30 jours entre la 9.ᵐᵉ et la 10.ᵐᵉ lunaisons, entre le 1.ᵉʳ septembre et le 2 octobre ; l'excès ne fut donc que de 3 jours. Sous le nombre d'or VI il devint de 14 ; sous le nombre d'or VII de 25, et comme sous le nombre d'or VIII, il aurait été de 36 jours, on plaça le 3.ᵐᵉ mois embolismique de 30 jours, entre la 3.ᵐᵉ et la 4.ᵐᵉ lunaisons, entre le 5 mars et 5 avril : en cette année l'excès ne fut donc que de 6 jours. Sous le nombre d'or IX, il fut de 17 ; sous le nombre d'or X, de 28 ; sous le nombre d'or XI, il aurait été de 39, mais on plaça le 4.ᵐᵉ mois embolismique de 30 jours entre la 1.ʳᵉ et la 2.ᵐᵉ lunaisons, entre le 2 janvier et le 2 février, et l'excès ne fut plus que de 9 jours. Ensuite, comme sous le nombre d'or XIII, l'excès aurait été de 31 jours, on plaça après la 12.ᵐᵉ lunaison le cinquième mois embolismique de 30 jours, et il resta encore un jour. Sous le nombre d'or XVI, il aurait resté 34 jours, on fit donc l'addition du 6.ᵐᵉ mois embolismique de 30 jours, entre la 9.ᵐᵉ et la 10.ᵐᵉ fin, sous le nombre d'or XIX, où il serait resté 37 jours, on fit d'abord la quatrième lunaison, qui n'a ordinairement que 29 jours, de 30, ensuite on intercala le 7.me mois embolismique de 29 jours (n.° 25) après la 6.me lunaison de 29 jours aussi, entre le 30 juin et le 30 juillet; observant de faire la lunaison suivante qui, naturellement, comme la septième, a 30 jours, de 29 seulement, afin de compenser le jour ajouté à la quatrième. De cette manière, sous le nombre d'or XIX, il ne resta que 8 jours, de sorte que l'année suivante, sous le nombre d'or I, la première lune se termina au 22 janvier où elle s'était terminée 19 ans auparavant.

33. Mais, comme il était plus naturel de commencer le cycle lunaire à l'instant où l'année lunaire et l'année solaire commençaient ensemble leur révolution, et que d'ailleurs cela avait lieu sous le nombre d'or III, en l'année de la tenue du Concile de Nicée, les computistes, sans rien changer à l'arrangement établi par ceux d'Alexandrie, firent correspondre la première année du cycle lunaire au nombre d'or III, et les années suivantes aux nombres d'or suivans, en cet ordre :

Années du cycle.	1	2	3	4	5	6	7	8	9	10
Nombres d'or.	III	IV	V	VI	VII	VIII	IX	X	XI	XII
Années du cycle.	11	12	13	14	15	16	17	18	19	
Nombres d'or.	XIII	XIV	XV	XVI	XVII	XVIII	XIX	I	II	

De cette manière les années embolismiques sont réellement celles que nous avons indiquées n.° 25, selon l'ordre qui leur convient le mieux ; seulement l'année embolismique qui n'a que 29 jours, n'est plus la dernière du cycle, mais la dix-septième, ni la septième des embolismiques, mais la sixième : de plus, chaque année marque plus naturellement l'excès de l'année solaire sur l'année lunaire.

34. Voici pourquoi les lunaisons embolismiques ont été placées comme nous avons indiqué. La 1.re, la 2.me, la 5.me et la 6.me ont été mises en leur lieu naturel, c'est-à-dire de suite après que l'excès des années solaires sur les années lunaires a formé 30 jours. Quand à la 3.me et à la 4.me on les a placées d'après cette convention : que toutes les lunaisons qui commencent depuis le 8 mars inclusivement jusqu'au 5 avril aussi inclusivement n'aient que 29 jours. D'après cela, sous le nombre d'or VIII, l'insertion, au lieu d'être faite après le 7.me mois, l'a été après le 3.me, afin que la lunaison suivante, qui commence au 5 avril, n'eût que 29 jours, tandis que naturellement elle en aurait eu 30. De même la 4.me lunaison embolismique, sous le nombre d'or XI, qui n'aurait dû être placée naturellement qu'après le 4.me mois, l'a été après le 1.er, afin que le 5.me mois, qui commence au 2 avril, et qui naturellement doit avoir 30 jours, n'en eût que 29. C'est pour cela encore que, sous le nombre d'or XIX, on a fait de 30 jours le 4.me mois, qui ne devrait

en avoir que 29, afin que le 5.me, qui commence au 4 avril, et qui naturellement aurait 30 jours, n'en ait que 29; et comme, d'après cela, les 29 jours d'excès de l'année solaire sur l'année lunaire, qui forment la 7.me lunaison embolismique, n'étaient accomplis qu'après le 7.me mois, on l'a placée après ce mois, faisant encore la lunaison suivante de 29 jours, pour compenser, comme nous l'avons dit, le jour ajouté au 4.me

Quoique ce que nous venons de dire suffise pour comprendre toute la disposition du nombre d'or dans le calendrier, nous parlerons de quelques particularités qui pourraient surprendre si on n'en voyait la raison.

1.° Chaque nombre d'or est produit en ajoutant 8 à celui qui le précède, ou bien en lui ôtant 11, ce qui revient au même, puisque 11 et 8 font 19 ou la période entière.

En effet, 8 années solaires de 365 jours 25 font 2922 jours, et 99 lunaisons de 29 jours 53081 font 2923 jours 5502, c'est-à-dire qu'après 8 ans les nouvelles lunes arrivent un jour et demi à peu près plus tard qu'auparavant, et 3 jours et quelque chose après 16 ans; ainsi, après tout nombre d'or, si on laisse deux siéges vides, il faudra placer au troisième siége un nombre d'or plus fort de 16 unités, ôtant 19 s'il y est contenu; et, prenant un moyen arithmétique, on le placera au second siége ou bien au premier. Ce qui fait voir pour quoi il y a des siéges vacans dans le calendrier.

2.° Tout nombre d'or est produit de celui qui

le suit par l'addition de 11, ou, ce qui revient au même, par la soustraction de 8.

En effet, 11 années solaires contenant 4017 jours 75 et 136 lunaisons n'ayant que 4016 jours 19016, il s'ensuit que la durée de 136 lunaisons est moindre que celle de 11 années solaires d'un peu plus d'un jour et demi, ce qui fait qu'après 11 ans les nouvelles lunes arrivent un jour et demi plutôt, et un peu plus de trois jours au bout de 22 ans. Il faut donc, après avoir placé un nombre d'or, laisser deux siéges vides au-dessus, et placer au troisième le nombre d'or plus fort de 11 unités, mettre ensuite entre les deux un moyen arithmétique, cela montre encore pourquoi il y a des siéges vacans dans le calendrier.

3.º Le nombre d'or plus grand est placé sous le plus petit en laissant un siége vide, et le plus petit sous le plus grand immédiatement.

Cela provient de ce qu'on a fait les lunaisons de 30 et de 29 jours alternativement ; tandis que le contraire aurait lieu si on les avait faites de 29 et 30 alternativement. On était libre, de même qu'on l'était de placer le moyen arithmétique au premier ou au second siége.

Les lunes embolismiques ont dû faire naître plusieurs exceptions à cet ordre : 1.º au 3 février le nombre d'or XIX suit immédiatement le plus petit XI, parce que ce nombre, qui aurait dû être placé un siége plus haut, n'a été placé là que pour compléter un mois embolismique de 30 jours : 2.º au 6 avril, au 4 juin et au 2 août, où le nombre d'or XVI suit immédiatement le nombre VIII : au 6 avril, parce que le nombre VIII aurait été naturellement placé un siége plus haut que le 5 avril où il a été placé afin de compléter une lunaison embolismique ; que si le nombre d'or XIX se trouve immédiatement avant VIII, c'est que, faisant la 4.me lunaison de 30 jours sous le nombre d'or XIX, ce nombre a été placé un siége plus bas ; quand au 4 juin et au 2 août, cela provient de ce que, par suite du changement indiqué, les lunaisons qui se terminent en ces lieux, un siége avant le nombre d'or VIII, et qui n'auraient été naturellement que de 29 jours, sont devenues de 30 ; que si la même chose n'a pas lieu aux autres endroits où les lunaisons, sous le nombre d'or VIII, sont devenues de 30 au lieu de 29, c'est qu'à partir du 1.er septembre exclusivement le nombre d'or XVI est placé un siége plus bas à cause de l'insertion de l'embolismique de 30 jours : 3.° au 3 octobre et au 1.er décembre, où le nombre d'or XIII suit immédiatement le nombre V ; la raison en est la même que pour les cas précédens : 4.° le nombre d'or XIX, dans les six derniers mois de l'année, est placé immédiatement sous le moindre XI, et le nombre d'or VIII, quoique le moindre, est mis après le plus grand XIX en laissant une place entre deux ; cela provient de ce que d'abord, en juillet, le nombre XIX se trouve en sa place naturelle, tandis que XI et VIII sont reculés d'un rang, c'est-à-dire que les lunaisons qui viennent de se terminer à cause de l'insertion des embolismiques ont 30 jours, tandis qu'elles n'en ont naturellement que 29. En août XI et VIII sont en leur place naturelle, mais XIX est avancé d'un rang à cause du 9.me mois qui n'est que de 29 jours, comme nous l'avons dit, et qui naturellement a 30 jours. Même alternative pour les autres mois.

4.° Chaque nombre d'or précède de 11 jours celui qui est moindre d'une unité.

Cela provient des 11 jours qui font la différence de l'année solaire avec l'année lunaire. Il faut cependant excepter plusieurs cas : 1.° le nombre d'or III ne précède II que de 10 jours en ces lieux, 31 janvier, 31 mars, 29 mai, 27 juillet, 24 septembre et 22 novembre : 2.° le nombre d'or VI ne précède V que de 10 jours au 24 juillet, au 26 mai, au 28 mars et au 28 janvier : 3.° le nombre d'or IX ne précède VIII que de 10 jours au 25 janvier : 4.° le nombre d'or XI ne précède que de 10 jours le nombre X au 2 février, au 2 avril, au 31 mai, au 29 juillet, au 26 septembre et au 24 novembre : 5.° XIV précède XIII de 10 jours seulement en ces lieux, 30 janvier, 30 mars, 28 mai, 26 juillet, 23 septembre et 21 novembre : 6.° XVI ne précède XV que de 10 jours au 1.er octobre et au 29 novembre : 7.° XVII précède XVI de 10 jours seulement au 23 juillet, au 25 mai, au 27 mars et au 27 janvier : 8.° le nombre d'or XIX ne précède que de 10 jours le nombre d'or XVIII au 4 avril et au 2 juin ; il le précède de 12 jours au 28 août et au 26 octobre : 9.° enfin I précède XIX de 12 jours au 21 février, au 23 mars, au 21 avril, au 21 mai et au 19 juin.

Toutes ces exceptions proviennent de ce que le nombre d'or qui précède et celui qui est précédé ne se trouvent pas dans le même mois, parce que le second mois n'ayant que 29 jours, le nombre plus petit est avancé d'une place, excepté aux lieux où a été faite l'insertion des six premières lunaisons embolismiques qui ont 30 jours. Que si l'exception ne continue pas après l'insertion de la lunaison embolismique, cela provient de ce que le nombre d'or qui est précédé, et sous lequel se fait cette insertion, descendant d'un siége pour former les mois de 30 jours, il demeure éloigné de 11 jours du nombre d'or plus grand d'une unité dans les lunaisons de 29 jours. Que si le nombre d'or XIX précède de 10 jours seulement le nombre XVIII, c'est que le premier a été abaissé d'un jour pour terminer des lunaisons de 30 jours, tandis que le second ne termine que des lunaisons de 29 jours ; que s'il le précède de 12, aux autres lieux indiqués, c'est qu'il a été relevé d'un siége, pour former des lunaisons de 29 jours, tandis que l'autre marque en ces lieux des lunaisons de 30 jours. Si le nombre d'or I est placé 12 siéges avant XIX, cela provient de ce que sous XIX on fait sauter la lune d'un jour, pour que I se rencontre en janvier au même lieu que 19 années auparavant, tandis que naturellement il se trouverait un siége plus bas. En effet, les lunaisons étant alternativement de 30 et de 29 jours, lorsqu'il y a

13 mois à l'année, il doit y en avoir 7 de 30 jours; or, en faisant sous XIX le mois embolismique de 29 jours, on fait un mois trop petit d'un jour pour que les lunaisons conservent leur ordre naturel; donc le nombre d'or 1 doit précéder d'un jour son siége naturel. Que si 1 ne précède XIX que de 11 jours en tous les mois non indiqués, c'est que ces deux nombres ne se trouvent pas dans le même mois, et que l'un est placé après une lunaison de 30 jours, et l'autre après une lunaison de 29, ce qui le fait avancer d'un jour.

Article II.

Réformation du calendrier de la primitive église.

36. L'usage du nombre d'or placé dans le calendrier pour désigner les nouvelles lunes, aurait été perpétuel, si les nouvelles lunes fussent réellement retournées aux mêmes jours au bout de 19 ans; mais, comme après ce temps, elles retardent d'une heure et demie, ou d'un jour en 312 ans et demi (n.º 27), il s'est rencontré que, depuis le Concile de Nicée, en 325, auquel temps la nouvelle lune arrivait le 1.ᵉʳ janvier, jusqu'en 1582, temps de la réformation, c'est-à-dire en 1227 ans, elles étaient avancées vers le commencement des mois d'autant de jours qu'il y a d'équations lunaires en ce temps (n.º 29); or, en 12 siècles il y a 4 équations lunaires, dont les nouvelles lunes étaient avancées d'un peu plus de 4 jours. C'est aussi ce que les observations journalières faisaient voir. De sorte que, pour avoir la nouvelle lune

dans le calendrier, il fallait, à partir du nombre d'or inclusivement, compter cinq siéges au dessus; ce que l'on faisait par le moyen de ces mots: *Nova luna hic*. Ainsi, pour rectifier le calendrier, il aurait fallu avancer de quatre siéges tous les nombres d'or, de sorte que le nombre XIX, placé au 5 janvier, montât au premier; de même pour tous les autres. C'est ce que l'on fit, avant la correction Grégorienne, dans les Missels et les Bréviaires, par l'ordre de Pie V. Mais il faut observer que, si on n'avait pris un autre expédient, bientôt il eût fallu faire un troisième calendrier, puis un quatrième jusqu'à 30, à cause de l'équation lunaire, qui aurait fait monter de plus en plus les nouvelles lunes.

En outre, à raison des 10 jours dont on était en retard avant la réformation (n.º 9), les mêmes nouvelles lunes devaient être reculées de 10 jours vers la fin des mois. Ainsi, à cause des deux équations, elles devaient réellement être reculées de 10 moins 4 ou de 6 jours vers la fin des mois. En reculant donc les nombres d'or, suivant leur ordre, de 6 jours entiers dans le calendrier, ils pourraient bien servir à marquer les siéges des nouvelles lunes; mais comme, lorsqu'il arriverait une des deux équations, il faudrait substituer un autre calendrier, jusqu'à ce qu'enfin tout nombre d'or eût parcouru les 30 jours du mois lunaire de janvier, après quoi ce serait un des calendriers déjà formés qui servirait, ce qui formerait une suite de 30 calendriers telle qu'on la voit dans *Clavius*, on crut devoir, pour subvenir à un pareil inconvénient, substituer aux nombres d'or d'autres nombres qui marquassent sans interruption les nouvelles lunes dans le calendrier, soit que ces nouvelles lunes avançassent vers le commencement des mois, soit qu'elles reculassent vers la fin.

Des épactes.

37. Ces nombres ont été appelés épactes. Ils désignent les jours qui restent après la dernière lunaison de l'année, de sorte que si le dernier jour de la dernière lunaison arrive le 22 décembre, par exemple, l'épacte est IX.

Si le dernier jour de la dernière lunaison arrive le premier décembre, l'épacte est XXX; mais comme les 30 jours de reste forment eux-mêmes un mois embolismique, l'épacte est aussi 0; pour désigner ces deux caractères à la fois, on en a pris un autre, c'est l'astérisque ✷ qui désigne, par conséquent, que, dans le mois de décembre, il y a eu deux lunaisons qui se sont terminées, l'une au 1.er et l'autre au 31.

TABLE ÉTENDUE DES ÉPACTES.

LETTRES INDICES.

38. Lorsque la nouvelle lune tombe au 1.er janvier, ce qui arrive en la 1.re année du cycle lunaire, sous le nombre d'or III, l'épacte est ✷; l'année suivante elle est XI, la 3.me année XXII, la 4.me année elle serait XXXIII, mais comme on

ECCLÉSIASTIQUE　49

fait de ces 33 jours de reste une lunaison embolismique de 30 jours, l'épacte n'est que III, ainsi de suite pour les autres années, comme on le voit dans le tableau suivant :

Épactes.	*	XI	XXII	III	XIV	XXV	VI	XVII	XXVIII
Nombres d'or	III	IV	V	VI	VII	VIII	IX	X	XI
Années du cycle.	1	2	3	4	5	6	7	8	9
Épactes.	IX	XX	I	XII	XXIII	IV	XV	XXVI	VIII	XIX
Nombres d'or	XII	XIII	XIV	XV	XVI	XVII	XVIII	XIX	I	II
Années du cycle.	10	11	12	13	14	15	16	17	18	19

où il est à remarquer qu'en la 17.me année on ajoute un jour de plus à l'épacte, afin que le mois embolismique qui ne doit avoir que 29 jours (n.° 25) en ait 30, comme les autres ; ainsi l'on dispose mieux les mois embolismiques sans distinction de 30 ou de 29 jours.

Si la nouvelle lune tombe au 2 janvier, sous le nombre d'or III, ce qui arrive lorsqu'il se fait une équation solaire, l'épacte est I ou XXIX, suivant que l'on veut qu'elle indique ce qui manque au nombre de jours qui restaient l'année précédente après la 12.e lunaison au mois de décembre pour former 30, ou bien ce même nombre de jours ; et comme cette dernière circonstance est préférable, on a mieux aimé prendre XXIX ; d'où l'on forme les épactes suivantes sous les nombres d'or suivans, en ajoutant 11 pour chacun, excepté sous le nombre d'or XIX en la 17.me année du cycle où l'on ajoute 12.

Et comme par le moyen de l'équation solaire les épactes peuvent reculer jusqu'à la fin du mois, on a formé ainsi trente suites, parce que le 1.er mois lunaire, qui se termine en janvier, a 30 jours dans chacun desquels la nouvelle lune peut arriver sous le nombre d'or III, en descendant depuis le 1.er jour jusqu'au 30.me inclusivement.

Par l'équation lunaire les épactes peuvent au contraire avancer vers le commencement des mois; de sorte que, si l'on a ✶ pour épacte au 1.er janvier, par l'équation lunaire l'épacte deviendra 1, c'est-à-dire qu'elle indiquera qu'il restait un jour à l'année précédente après la 12.me lunaison. Ainsi, par cette équation, les nouvelles lunes peuvent, sous le nombre d'or III, parcourir tous les 30 jours du 1.er mois lunaire, mais en un ordre rétrograde.

39. Ce sont ces 30 suites d'épactes auxquelles on a donné le nom de table étendue des épactes. On a désigné chacune de ces suites, à partir de ✶ par les lettres P, N, M, H, G, F, E, D, C, B, A, u, t, s, r, q, p, n, m, l, k, i, h, g, f, e, d, c, b, a, omettant toute lettre qui pourrait faire naître quelque ambiguïté. Ces lettres ont reçu le nom de lettres indices, parce qu'elles indiquent quelle suite d'épactes il faut prendre pour tels siècles particuliers.

Article III.

Formation du calendrier Grégorien.

40. Quoique les épactes eussent pu être décri-

tes dans le calendrier en leur ordre naturel depuis I jusqu'à XXX ou *, on a mieux aimé les décrire en un ordre rétrograde depuis XXX ou * jusqu'à I inclusivement, afin qu'on les distinguât mieux des jours du mois; en second lieu, parce que, de cette manière, elles indiquaient plus directement le nombre de jours qui étaient restés en l'année précédente après la 12.ᵐᵉ lunaison au mois de décembre, et qu'ainsi le lieu où elles se trouvaient dans le calendrier était justement le jour où arrivait la nouvelle lune.

41. Comme on voulait faire les mois alternativement de 30 et de 29 jours, et que l'on avait 30 épactes à distribuer, on eut soin d'en accumuler deux, aux mois qui devaient n'avoir que 29 jours. Pour cet effet, on a choisi de préférence les deux épactes XXIV et XXV, déterminé par des raisons indiquées au n.° 48. Par conséquent, elles ont été accumulées au 5 février, au 5 avril, au 3 juin, au 1.ᵉʳ août, au 29 septembre et au 27 novembre. Par cette disposition on a 12 lunaisons en l'année, et de plus 11 jours auxquels sont fixées les mêmes épactes qu'aux premiers jours de janvier.

42. Comme en 6 jours de l'année il se trouve deux épactes, on pourrait croire qu'en ces 6 jours on a indiqué deux nouvelles lunes durant l'espace de 19 ans ou pendant le cours du cycle lunaire; ce qui ne peut pas arriver, puisque les nouvelles lunes ne reviennent réellement aux mêmes jours qu'après 19 ans et quelque chose, n.° 27. Mais quand même il y ait deux épactes en un

même jour à ces différens endroits du calendrier, je dis que deux nouvelles lunes ne sont pas indiquées au même jour dans le cours de 19 ans. En effet, dans aucun des 30 cycles lunaires de 19 ans, ou dans aucune des 30 suites d'épactes, comme on le voit dans la table étendue, les trois épactes XXVI, XXV et XXIV ne se rencontrent ensemble ; de sorte que, lorsque les deux épactes XXV et XXIV se rencontrent dans un même cycle, on prend pour XXV l'épacte 25 écrite en chiffre arabe, que l'on a marquée dans le calendrier un siége plus haut à côté de XXVI qui ne se trouve pas dans ce cycle ; il n'y a donc pas danger que deux nouvelles lunes soient marquées en un même jour. Que si ce sont les deux épactes XXVI et XXV qui se rencontrent ensemble dans un même cycle, alors l'épacte XXIV ne se trouve pas dans ce cycle, et encore il n'y a pas danger que deux nouvelles lunes soient marquées en un même jour.

C'est pour cela que, lorsque les deux épactes XXV et XXIV se trouvent ensemble dans un cycle, on marque dans la table étendue des épactes la première en chiffre arabe, c'est-à-dire, afin qu'elle désigne qu'il faut prendre le siége où se trouve cette épacte en chiffre arabe dans le calendrier. C'est pour cette raison encore que, dans le calendrier, l'épacte 25 est jointe à l'épacte XXV en tous les endroits où l'accumulation n'a pas lieu, c'est-à-dire, afin que, soit que la table étendue donne XXV ou 25, le caractère qu'elle indique se trouve aux lieux convenables dans le calendrier.

ECCLÉSIASTIQUE. 53

On voit à l'inspection de la table étendue des épactes, que c'est lorsque l'épacte vingt-cinq est sous les nombres d'or plus grands que XI, que dans le cycle auquel elle appartient se rencontrent ensemble les deux épactes XXIV et 25 ; et que c'est lorsqu'elle se trouve sous les huit premiers nombres d'or que les deux épactes XXV et XXVI se rencontrent ensemble dans le cycle auquel elle appartient encore.

43. Ce que nous avons dit dans le numéro précédent peut se prouver aussi par le principe admis au 3.° du n.° 35, que tout nombre d'or, dans le calendrier, suit immédiatement celui qui est plus fort que lui, et est suivi par celui qui est plus faible, un siége vide étant laissé entre deux. C'est ce que démontre le tableau suivant :

XXVII	XXVII	1	I II
25.XXVI	XXVI	2	XII XIII XIV XV XVI XVII XVIII XIX
XXV XXIV	25.XXV	3	I II III IV V VI VII VIII IX X
XXIII	XXIV	4	
XXII	XXIII	5	IX X XI XII XIII XIV XV XVI XVII XVIII
XXVII	XXVII	1	III IV V VI VII VIII IX X XI
25.XXVI	XXVI	2	
XXV.XXIV	25.XXV	3	XI XII XIII XIV XV XVI XVII XVIII XIX
XXIII	XXIV	4	I II III IV V VI VII VIII
XXII	XXIII	5	XIX

où nous avons placé à côté d'un jour quelconque d'un mois, au 3 par exemple, la suite des XIX nombres d'or, comme pouvant tous tomber en ce jour; employant ensuite le principe énoncé, nous avons placé en dessus et en dessous les nombres d'or convenables.

Ce tableau fait voir que, si la nouvelle lune tombe au siége où se trouve l'épacte XXV, sous quelqu'un des nombres d'or plus petits que XII, il n'arrivera sous aucun d'eux que la nouvelle lune tombe au siége où se trouve l'épacte XXIV; mais que, sous les huit premiers, il pourra arriver que la nouvelle lune tombe aussi au siége où se trouve l'épacte XXVI; donc, sous ces huit premiers nombres d'or on pourra prendre l'épacte XXV, sans craindre que, par le concours de l'épacte XXIV, la nouvelle lune n'arrive deux fois dans le cours d'un même cycle. Cette table montre encore que, sous les trois nombres d'or IX, X et XI, les nouvelles lunes peuvent bien arriver le jour à côté duquel se trouve l'épacte XXV, mais jamais les jours à côté desquels se trouvent les épactes XXIV et XXVI; sous ces trois nombres d'or il n'y a donc aucune crainte du concours de deux nouvelles lunes en un même cycle. On voit enfin, par cette même table, que, sous les nombres d'or plus grands que XI, les nouvelles lunes peuvent bien tomber aux siéges où se trouvent les épactes XXV et XXIV, mais jamais au siége où se trouve XXVI; de sorte qu'en prenant pour l'épacte XXV le siége où se trouve l'épacte XVI, à côté de laquelle on marque par conséquent 25 en chiffre arabe, il n'est nullement à craindre que l'on ait deux nouvelles lunes en un même jour dans le cours de 19 ans. C'est ce qui fait que l'on marque l'épacte 25 dans la table étendue des épactes seulement sous les nombres d'or plus grands que XI, dans les lieux justement où elle se trouve dans une même suite avec XXIV et non avec XXVI.

44. Comme sous l'épacte XIX la douzième lunaison se termine au 1.er décembre, d'où il reste 30 jours jusqu'à la fin de l'année, il s'ensuit que, si cette épacte est la dernière du cycle sous laquelle se termine le dernier mois embolismique de 29 jours, la 13.me lunaison se terminera au 30 décembre, et la première de l'année suivante commencera au 31 du même mois. Mais comme au 31 décembre on a l'épacte XX, on a cru devoir y placer à côté l'épacte 19 en chiffre arabe, afin que cette épacte désignât le commencement de la première lunaison de l'année suivante; de sorte que cette épacte n'est jamais d'usage, si ce n'est lorsque l'épacte est XIX sous le nombre d'or XIX, ce qui n'arrive qu'une seule fois dans les 30 suites de la table étendue des épactes, sous l'indice D. De plus, il n'est pas à craindre que deux nouvelles lunes tombent en un même cycle au 31 décembre, puisque l'épacte XX ne se trouve pas en la suite D, en laquelle seule l'épacte 19 est en usage, comme on le voit dans la table étendue.

CHAPITRE III.

RÈGLES QUI DÉTERMINENT DANS LE CALENDRIER LES FÊTES MOBILES.

45. Comme du jour où l'on célèbre la Pâques dépend la détermination de toutes les autres fêtes mobiles, nous ferons connaître ce que l'église a ordonné par rapport au temps où cette fête doit être célébrée ; nous exposerons ensuite les principes que suppose le calendrier pour la détermination de ce temps ; nous donnerons la méthode générale pour trouver le jour de Pâques en une année quelconque ; nous en déduirons enfin le lieu de toutes les autres fêtes mobiles.

ARTICLE I.er

Règles du Concile de Nicée pour la célébration de la Pâques.

46. D'après le Concile de Nicée, la Pâques doit être célébrée le dimanche qui suit immédiatement la Pâques des Juifs qui a lieu le 14 du 1.er mois de la lune : or, le 1.er mois de la lune, chez les Juifs, a 29 jours, et doit être celui dont le 14.me jour tombe au jour de l'équinoxe du printemps, équinoxe fixée par le même Concile au 21 mars, ou qui le suit de plus près.

47. Ce premier mois doit commencer tout au plus le 21 moins 13 ou 8 mars ; s'il commençait

avant le 8 mars, le 14.me jour ne tomberait pas même au 21; et tout au moins le 7 plus 29, ou, en ôtant les 31 jours de mars, le 5 avril; en effet, s'il commençait après le 5 avril, ce ne serait pas celui dont le 14.me jour tomberait au 21 mars ou le suivrait de plus près, puisque entre le 5 avril et le 8 mars, il se rencontrerait l'espace du mois entier précédent, dont le 14.me jour tomberait lui-même au 21 mars; car il ne devrait avoir que 29 jours comme renfermant les deux épactes accumulées, lesquels 29 jours sont compris entre le 8 mars et le 5 avril.

48. Le Concile de Nicée voulut aussi que le premier mois n'eût que 29 jours; et c'est ce qui avait lieu dans le calendrier de la primitive église, où l'on avait disposé les nombres d'or entre le 8 mars et le 5 avril, de manière à obtenir cet effet, ce qui avait été d'autant plus facile que l'on n'avait que 19 nombres d'or. Pour se conformer autant qu'on le pouvait à l'intention du Concile, on accumula dans le nouveau calendrier les épactes XXV et XXIV de préférence, parce qu'ainsi le premier mois n'est de 30 jours que lorsque l'épacte est XXIV ou 25, exceptions qu'il était impossible d'éviter; tandis qu'en accumulant toute autre épacte il y aurait eu plus de cas où ce mois aurait été de 30 jours, comme on peut s'en apercevoir à la seule inspection du calendrier.

49. Il n'y a que 29 nouvelles lunes pascales, 24 dans les 24 derniers jours de mars, et 5 dans les 5 premiers d'avril. Ce sont les seules dont le

14.me jour tombe au 21 mars ou le suive de plus près. Il suit de là que les bornes pascales sont le 22 mars et le 25 avril, les deux inclusivement; en effet, la première lune pascale ne peut tomber plus près qu'au 8 mars, et son 14.me qu'au 21, et soit que ce 21 se rencontre un dimanche ou non, il faut prendre le dimanche suivant qui, tout au plus, peut tomber au 22. De même, la dernière lune pascale ne pouvant tomber plus loin qu'au 5 avril, son 14.me plus loin qu'au 18, et le cas où Pâques doit s'éloigner le plus de ce terme, arrivant lorsque le 18 est un dimanche, le terme le plus éloigné est le dimanche suivant ou le 25 avril. L'on voit donc qu'il y a en tout 35 jours pascals, 10 en mars, 25 en avril.

ARTICLE II.

Principes que suppose le calendrier pour la détermination du jour de Pâques.

50. Pour déterminer le jour de Pâques dans l'ancien calendrier et d'après la méthode de la primitive église, ou, comme on dit aujourd'hui, d'après l'ancien style, il suffit de connaître le nombre d'or et la lettre dominicale de l'année proposée. Dans le nouveau calendrier, il suffit de connaître l'épacte et la lettre dominicale.

§. I.

Trouver le nombre d'or d'une année quelconque.

51. On sait que l'an 1 de J. C. avait 11 pour nombre d'or.

52. Pour les années qui ont précédé notre ère : divisez le nombre qui exprime l'année par 19, retranchez le reste de 2, le dernier reste donne le nombre d'or. Observez que, si le résultat est négatif, il exprime sa différence avec la période entière. Exemple : l'an 3 avant J. C. on a 2 moins 3, ou moins 1, c'est-à-dire, la période entière moins une unité ou 18. Second exemple : l'an 2 avant J. C. on a 2 moins, 2 ou 0, c'est-à-dire, la période entière ou 19.

53. Pour les années qui ont suivi notre ère, augmentez de 1 le nombre qui exprime l'année proposée, divisez la somme par 19, vous aurez le nombre d'or pour reste.

Les raisons de ces méthodes se tirent immédiatement du principe du n.° 51.

§. II.

Trouver l'épacte d'une année quelconque.

54. Pour trouver l'épacte d'une année, il faut connaître le nombre d'or de cette année et la lettre indice de la suite d'épactes en usage dans le siècle auquel elle appartient. Mais avant de donner la méthode par laquelle on trouve cette lettre indice, il faut exposer les principes qui constituent ce qu'on appelle *l'equation des epactes*.

SECTION I.re

Formation de l'equation des epactes.

55. Comme au temps du Concile de Nicée, vers

l'an 325, les nouvelles lunes arrivaient le 1.er janvier sous le nombre d'or III, et que, dans la table étendue des épactes, la série des cycles où les nouvelles lunes arrivent le 1.er janvier, sous le nombre d'or III, est marquée par P, on voit que l'an 325 tombe dans la série dont la lettre indice est P. Et comme l'an 320 est bissextile et a plus de conformité avec les années centenaires où se font ordinairement les équations, on a mieux aimé rapporter le commencement de l'emploi de l'indice P à cette année. Mais, comme au bout de 312 ans et demi les nouvelles lunes arrivent un jour plutôt qu'elles ne faisaient auparavant, il paraît qu'en la 1.re année de notre ère elles devaient arriver un jour plus tard qu'elles n'arrivèrent en l'année 320, et que, par conséquent, la suite d'épactes en usage alors était plus basse d'un siége que celle dont l'indice est P, c'est-à-dire qu'elle avait pour indice la lettre N et toutes ses épactes dans la table étendue un siége plus bas que celles de l'autre suite.

Il est bon de remarquer que, bien que les nouvelles lunes se trouvassent passablement indiquées par les épactes de la suite qui a la lettre P pour indice en l'année 320, parce que néanmoins en faisant répondre les épactes au jour de la conjonctions des luminaires, il arrivait quelquefois, par l'imperfection inévitable des cycles, que les 14.mes lunes pascales tombaient avant l'équinoxe du printemps. Grégoire XIII trouva plus à propos, pour remédier dans la suite à cet inconvénient, d'ordonner qu'à l'avenir les nouvelles lunes fussent indiquées par la disposition des épactes dans le calendrier, un jour plus tard qu'elles n'arrivent réellement d'ordinaire, et que, pour cette raison, la même suite d'épactes qui a l'indice P, servît au-delà de l'année 550, ne comptant pour rien la partie de l'équation lunaire qui aurait dû s'être accumulée depuis l'an 320 jusqu'en 550 ou en 230 ans. Cette année 550 a donc été établie comme le fondement de la table d'équations d'où toutes les autres années ont pris dans la suite les lettres qui leur appartiennent. Comme cependant ce n'est qu'aux années centenaires que se font ordinairement les équations, on marque dans les tables la lettre P à côté de l'an 500.

On a fait ensuite une équation en chacun des siècles 800, 1100, 1400, de 300 en 300 ans, en se réservant de tenir compte des 50 ans dont devraient être reculées ces équations, parce que c'est à dater de 550 qu'elles ont lieu ; par conséquent, ces siècles ont eu pour indices a, b et c.

Mais en l'année 1582, en laquelle on fit une équation solaire de 10 jours, les nouvelles lunes arrivaient d'autant de jours plus bas vers la fin des mois qu'elles n'arrivaient avant l'équation : il fallut donc prendre une suite d'épactes qui fût dix siéges au-dessus de celle dont l'indice est D. Et comme en l'année 1600 il ne s'est fait aucune équation ni du soleil, parce qu'elle a été bissextile, ni de la lune, parce que les 300 ans ne s'étaient pas écoulés depuis la dernière équation faite en l'année 1400, l'on a conservé la même suite d'épactes sous la lettre D, sans aucun changement. Mais, parce qu'en l'année 1700 il y a une équation solaire à cause de l'omission du bissexte, il faut prendre une suite d'épactes au-dessous, c'est-à-dire celle qui a pour indice C. Et quoiqu'il se soit écoulé 300 ans depuis la dernière équation lunaire, parce que néanmoins les 12 ans et demi qui ont été négligés dans les équations précédentes (n.° 28) et les 50 ans dans la première équation font 100 années, l'on remet à faire l'équation lunaire à l'autre siècle 1800, c'est-à-dire, 400 ans après la précédente équation, et partant l'on conserve en l'année 1800, où l'on fait l'une et l'autre équations, la même lettre C, parce que le changement qui arrive aux nouvelles lunes en descendant d'un jour à cause de l'équation solaire, est rétabli par celui qui leur arrive en remontant d'un jour à cause de l'équation lunaire. L'année 1900 commence donc à former une suite régulière et perpétuelle par rapport aux règles des équations, et comme, en cette année, il se fait une équation solaire, l'indice de la suite d'épactes qui lui convient est B.

56. D'après ces principes on forme pour les dix-neuf premiers siècles de notre ère la table suivante continuée d'après les règles du numéro suivant :

ECCLÉSIASTIQUE.   63

Indices des Suites.	Années.	Indices des Suites.	Années.	Indices des Suites.	Années.
N	1	Après le retranchement de 10 jours.			
P	320	D	1582	B	2000
P	500	D	1600	B	2100
a	800	C	1700	A	2200
b	1100	C	1800	u	2300
c	1400	B	1900	A	2400

57. Pour tous les siècles suivans, à partir de 1900 inclusivement, il faudra suivre les trois règles que nous allons donner.

1.° Si la centième année est une de celles où le bissexte est omis, et que d'ailleurs elle ne soit pas une de celles où se fait l'équation lunaire, prenez la lettre indice immédiatement inférieure dans la table étendue des épactes.

2.° Lorsque la centième année est faite bissextile et qu'elle est une de celles qui ont besoin d'équation lunaire, prenez la lettre indice immédiatement supérieure encore dans la table étendue des épactes.

3.° Lorsque l'une et l'autre équations ont lieu en même temps ou qu'il n'y a point du tout d'équation, prenez la même lettre indice que dans les siècles précédens.

Ainsi, en 2000 aucune équation n'ayant lieu, on conserve la même lettre indice B; en 2100 les deux équations ayant lieu, on conserve encore B, en 2200 il n'y a que l'équation solaire, on prend donc la lettre inférieure A; en 2300, il n'y a encore que l'équation solaire, on prend donc u; en 2400 il n'y a que l'équation lunaire, il faut donc reprendre A; ainsi de suite; observant cependant que l'équation lunaire se fait de 300 en 300 ans, à partir de 1800 exclusivement, pendant sept fois de suite; mais qu'à la huitième fois elle se fait après 400 ans (n.° 29), comme en 4300 éloigné de 400 ans de l'an 3900 où est faite la précédente équation lunaire.

58. Quant à l'équation régulière des centièmes années antérieures à 1600 et à notre ère, on observera que l'équation lunaire part de 1800 exclusivement et l'équation solaire de 1600 aussi exclusivement, ce qui suffira pour former la table suivante où les lettres S et L indiquent qu'il y a équation solaire ou équation lunaire aux siècles auprès desquels elles se rencontrent; lorsqu'elles sont affectées à un même siècle, cela indique qu'en ce siècle les deux équations ont eu lieu (1).

---

(1) On se rappellera ici, sur les années affectées d'un signe négatif, la note que nous avons donnée au numéro 14.

Indices des Suites.	Années.	Équat. Sol.	Équat. Lun.	Indices des Suites.	Années.	Équat. Sol.	Équat. Lun.
C	1800	S	L	G	700	S	
C	1700	S		H	600	S	
D	1600			M	500	S	L
D	1500	S		M	400		
E	1400	S	L	M	300	S	
E	1300	S		N	200	S	L
E	1200			N	100	S	
F	1100	S	L	P	1		
F	1000	S		P	—1		
G	900	S		P	—101	S	L
H	800		L	P	—201	S	

En 1800, qui a C pour lettre indice, les deux équations ayant eu lieu, on a pris la même lettre que pendant le siècle précédent, donc 1700 avait aussi C; mais en 1700 il n'y a eu que l'équation solaire, donc on a pris pour ce siècle la lettre inférieure d'un rang, en 1600 on avait donc D; mais en 1600 il ne s'est fait aucune équation, donc en ce siècle on a pris la même lettre qu'au siècle précédent, 1500 avait donc aussi D; mais en 1500 il y a eu équation solaire et non équation lunaire, parce que la période de l'équation lunaire commençant après 1800, elle a dû se terminer en 1800; or, lorsqu'elle se termine, ce n'est qu'à la 400.me année que se fait l'équation, donc l'équation précédente ne s'était faite qu'en 1400;

ainsi en 1500 on a pris la lettre inférieure, on avait donc E en 1400. On voit, par un raisonnement analogue, que l'an 1 avant J. C. a dû avoir P pour lettre indice. On remarquera de plus que cette année est bissextile et regardée comme centenaire, ainsi qu'après elle toutes les 101.mes années.

59. Si cette table ne coïncide pas avec la table formée au numéro 56, cela vient 1.° de ce que Grégoire XIII voulut que les nouvelles lunes fussent indiquées un jour trop tard (n.° 55), ce qui fait que, dans la dernière table, l'an 1 de J. C. a P et dans l'autre N, c'est-à-dire une lettre plus bas ; 2.° de ce que l'équation solaire est omise dans la première table depuis l'an 1 jusqu'en 1582 où elle est restituée. Mais l'une et l'autre tables se rencontrent à partir de 1500, parce qu'en ce siècle fut rétablie l'équation solaire, et que la seconde est fondée à partir d'un siècle qui suit ce rétablissement. Elles se rencontreraient encore en l'an —1, si l'on avait soin d'observer qu'en la première c'est la lettre P qui convient à cet année. En effet, entre —1 et 300 exclusivement il y a deux équations solaires seulement (parce que —1 est séculaire bissextile), et une équation lunaire rapportée en l'an —1 ; cette équation lunaire compensant une des deux équations solaires, la lettre indice a dû être en l'an —1 immédiatement supérieure à celle de l'an 320 qui a P, elle a donc été N. Or, dans la deuxième table les lettres sont inférieures d'un rang, parce qu'elle est fondée

sur le siècle 1800 pris dans la première, et que ce siècle a lui-même une lettre reculée d'un rang, d'après le dessein de Grégoire XIII, par l'omission de l'équation lunaire en 550 (n.° 55) ; tandis que, dans la première table, si nous partons de l'an 300 pour P, les lettres sont prises dans leur rang naturel ; donc en l'an —1, dans la seconde table, l'on a aussi la lettre P.

D'après cela, il semble que l'an 320 dans la première table, devrait avoir N, pour se conformer au dessein de Grégoire XIII ; tandis que, dans la seconde, l'an 300 a M. Cela provient de ce que dans la seconde table l'équation solaire ne s'omettant qu'aux siècles dont le caractère est divisible par 4, conformément à l'ordonnance de Grégoire XIII, en l'an 300, il se fait une équation solaire qui réellement n'a lieu qu'en l'an 400 ; si donc on suppose cette équation dans la première table, la lettre de 300 deviendra M, comme dans la seconde. Peu importe que la nouvelle lune soit ainsi retardée de deux jours au lieu d'un, pourvu que l'équation solaire prenne par là son cours régulier (1).

---

(1) Si les années moyennes, solaire et lunaire, ne sont pas réellement ce qu'elles ont été évaluées du temps de Grégoire XIII, il n'en faudra pas moins conserver la même table de l'équation des épactes, fondée sur les règles prescrites, seulement il suffira de descendre ou de monter d'autant de lettres que, par le nouveau calcul,

60. L'équation solaire n'étant uniforme que de 4 siècles en 4 siècles, et l'équation lunaire que de 25 siècles en 25 siècles, il s'ensuit que, par la combinaison de ces deux équations, l'on ne doit avoir un résultat uniforme que de 25×4 en 25×4 siècles ou de 10000 ans en 10000; c'est-à-dire qu'après cet espace de temps les lettres indices reviennent absolument d'une même manière, seulement elles sont différentes. Et comme il y a 30 lettres, ces lettres ne doivent revenir dans le même ordre et d'une manière uniforme qu'après 30 fois

---

l'on aura trouvé de jours en avant ou en arrière. Cette remarque est d'autant plus importante que les valeurs trouvées en notre temps par M. Delambre sont différentes de celles qui ont été employées pour la réformation (notes sur les n.ºs 11 et 30); de sorte qu'après 4000 ans, à partir de 1600, principe de l'équation solaire, il faudra prendre, dans la table de l'équation, la lettre qui précède celle qui se trouve appartenir au siècle dont il s'agit. De même pour l'équation lunaire, après 17709 ans, à partir de 1800, principe de cette équation, l'on prendra la lettre qui précède celle qui est attachée au siècle dont il s'agit, parce qu'après ce temps il faudrait omettre l'équation. Nous observerons cependant qu'il vaudrait mieux, pour ces nouvelles intercallations ou omissions, suivre les observations des astronomes, parce que rien ne nous assure que les valeurs qu'a trouvées M. Delambre ne soient pas modifiées dans le temps, quoique beaucoup plus exactes que celles qui ont été employées pour la réformation du calendrier.

ECCLÉSIASTIQUE. 69

100000 ou de 300000 en 300000 ans, période remarquable.

SECTION II.

Règles pour trouver l'équation solaire et l'équation lunaire d'une année quelconque.

61. Pour l'équation solaire : 1.º avant J. C., divisez le nombre qui exprime les siècles de l'année proposée par 4, multipliez le quotient par 3, ajoutez au produit le reste de la division, et vous aurez l'équation. Cette méthode est évidente, puisque l'an —1 est centenaire bissextile, ainsi que —401.

2.º Après J. C. : la méthode est la même, puisque l'an 100 il y a une équation, et qu'en l'année 400 il n'y en a pas.

62. Pour l'équation lunaire : 1.º avant J. C., comme la période de l'équation lunaire se termine en 1800 (n.º 55), il s'ensuit qu'elle a dû commencer en —601, puisqu'entre ces deux termes il y a 2500 ans; cela posé, en —701 il y a eu une équation et par conséquent en —1101 ou 400 ans auparavant; et comme d'après le cours régulier de l'équation lunaire elle ne doit se faire qu'en la 300.ᵐᵉ année, nous prendrons pour point de départ l'an —801 exclusivement. Depuis —1 jusqu'en —801 on se servira de cette table.

Nombre des Éq. lun.	Indices des Séries.	Années.	Équat. sol.	Équat. lun.
3	c	—701	S	L
	b	—601	S	
	a	—501	S	
2	b	—401		L
	a	—301	S	
	P	—201	S	
1	P	—101	S	L
	P	—1		

Et, pour les années précédentes, on suivra cette méthode : retranchez 8 du nombre qui exprime les siècles de l'année proposée, divisez le reste par 25, multipliez le quotient par 8, ajoutez au produit le nombre de ternaires contenus dans le reste de la division, ajoutez de plus 3 à la somme, vous aurez le nombre qui exprime l'équation lunaire en un sens rétrograde, c'est-à-dire, le nombre d'équations qu'il y a eu depuis l'année proposée jusqu'en l'année —1 inclusivement.

2.° Après J. C., comme l'équation ne commence à avoir un cours régulier qu'en 1900 inclusivement, pour les années précédentes servez-vous de la table suivante :

ECCLÉSIASTIQUE.

Nombre des Équat. lun.	Indices des Siècles.	Années.	Équat. sol.	Équat. lun.
	P	1		
	N	100	S	
1	N	200	S	L
	M	300	S	
	M	400		
2	M	500	S	L
	H	600	S	
	G	700	S	
3	H	800		L
	G	900	S	
	F	1000	S	
4	F	1100	S	L
	F	1200		
	E	1300	S	
5	E	1400	S	L
	D	1500	S	
	D	1600		
	C	1700	S	
6	C	1800	S	L

Pour les siècles suivans, retranchez 18 du nombre qui exprime le siècle proposé, opérez ensuite comme avant J. C. ; seulement, ajoutez 6 au lieu de 3 à la somme. Le nombre obtenu indiquera les équations qui ont eu lieu depuis l'an 1 inclusivement.

Ces méthodes sont évidemment appuyées sur les principes établis, et n'ont besoin d'aucune explication.

Remarque. Les deux tables que nous venons de donner ne sont pas absolument nécessaires pour trouver l'équation lunaire aux siècles qu'elles renferment, puisque cette recherche n'exige que la connaissance du point de départ de l'équation, point de départ que l'on peut fixer à —801 exclusivement pour les siècles antérieurs, et à —701 exclusivement pour les siècles postérieurs.

1.° Pour les siècles antérieurs à —701, opérer comme au 1.° du n.° 62 ; seulement, n'ajouter rien à la dernière somme.

2.° Pour les siècles postérieurs à —701, retranchez de 7 le nombre qui exprime le siècle donné, s'il se trouve avant J. C. ; ajoutez lui 7, s'il se trouve après J. C. ; divisez par 25, multipliez le quotient par 8, ajoutez les ternaires du reste au produit, et vous aurez le nombre qui exprime l'équation.

SECTION III.

Trouver la lettre indice d'un siècle quelconque.

63. Pour les siècles avant J. C. : retranchez l'équation lunaire de l'équation solaire, divisez le reste par 30, le reste de cette division marquera l'indice à partir de P pour 0 de reste, prenant pour indice la lettre qui, dans la table suivante, correspondra au reste trouvé.

P. a. b. c. d. e. f. g. h. i. k. l. m. n. p. etc.
0. 1. 2. 3. 4. 5. 6. 7. 8. 9. 10. 11. 12. 13. 14. etc.

parce que l'an —1 a P qui demeure en —201, quoiqu'en cette année il y ait une équation solaire de plus, ce qui signifie que l'excès d'une unité marque que la lettre était supérieure d'un ordre dans les années antérieures; ainsi donc, si l'année proposée ne surpassait que d'une unité le siècle auquel elle appartient, il faudrait prendre la lettre qui correspondrait au reste trouvé moins une unité, de même si elle était centenaire.

64. Pour les siècles après J. C.: retranchez l'équation lunaire de l'équation solaire, divisez le reste par 30, le reste de cette division marquera l'indice à partir de P pour 0 de reste, N pour 1, en cet ordre;

P. N. M. H. G. F. E. D. C. B. A. u. t. s. r. q. etc.
0. 1. 2. 3. 4. 5. 6. 7. 8. 9. 10. 11. 12. 13. 14. 15. etc.

puisque l'an 1 a P, et que l'équation solaire fait sauter l'indice d'un rang.

Remarque. Si, pour trouver l'équation lunaire, on a employé la méthode de la remarque du n.° 62, il faudra pour faire partir les deux équations du même point —701, retrancher 6 de l'équation solaire, si l'année est antérieure, et lui ajouter 6, si elle postérieure; parce que du point —1, d'où nous avons fait partir cette équation, au point —701, d'où nous voulons ici la faire partir, il y a 6 équations solaires. Cela fait, pour trouver la lettre indice, on retranchera l'équation solaire de l'équation lunaire, et l'on comptera ainsi le reste pour les années antérieures à —701,

c. d. e. f. g. h. i. k. l. m. n. p. q. r. s. t. u. A. etc.
o. 1. 2. 3. 4. 5. 6. 7. 8. 9. 10. 11. 12. 13. 14. 15. 16. 17. etc.
et ainsi pour les années postérieures,
c. b. a. P. N. M. H. G. F. E. D. C. B. A. u. t. etc.
o. 1. 2. 3. 4. 5. 6. 7. 8. 9. 10. 11. 12. 13. 14. 15. etc.
La raison en est que l'an −701 a c pour lettre indice.

SECTION IV.

Au moyen de la lettre indice et du nombre d'or, déterminer l'épacte.

65. En se servant de la table étendue des épactes, rien de plus facile : l'on prend la ligne horizontale de l'indice, la ligne verticale du nombre d'or, à l'endroit où ces deux lignes se rencontrent on a l'épacte. Pour le vieux style c'est toujours l'indice P qui est en usage.

66. Si on ne veut pas se servir de la table étendue,

1.° Pour l'ancien style : retranchez 3 du nombre d'or, multipliez le reste par 11, divisez le produit par 30, le reste de la division sera l'épacte, excepté lorsque le nombre d'or est 1 ou 11, sous lesquels il faut ajouter 1 au reste pour avoir l'épacte. La raison de cette méthode est puisée dans la formation de la table étendue.

2.° Pour le nouveau style : multipliez le nombre d'or par 11, du produit retranchez autant d'unités qu'en indique la lettre indice dans cette suite,

b. a. P. N. M. H. G. F. E. D. C. B. etc.
1. 2. 3. 4. 5. 6. 7. 8. 9. 10. 11. 12. etc.

divisez le reste par 30, le reste de la division donnera l'épacte.

En effet, sous la lettre c l'épacte est égale, comme on le voit par la seule inspection de la table étendue, au nombre d'or multiplié par 11 à partir du nombre d'or I inclusivement jusqu'au nombre d'or XIX aussi inclusivement, ce qui fait que le jour que l'on ajoute de plus à l'épacte, sous le nombre d'or XIX, n'apporte ici aucun changement. Mais sous la lettre suivante, qui est b, l'épacte est plus faible d'une unité, il faut donc ôter 1 du produit, ainsi de suite sous les autres lettres, sous chacune desquelles l'épacte est plus petite d'une unité que sous la précédente. On voit ainsi par là pourquoi il suffit de retrancher toujours 3 pour l'ancien style.

67. Voici un tableau qui donne un moyen bien simple de déterminer l'épacte par le nombre d'or et la lettre indice. Les épactes y sont marquées de 11 en 11, ôtant 30 lorsqu'il s'y trouve; en dessus sont les lettres de l'alphabet qui, dans la table étendue des épactes, correspondent aux présentes épactes sous le nombre d'or III. D'où l'on voit que, si pour une lettre indice quelconque on commence à compter le nombre d'or à partir du troisième rang au-delà de cette lettre indice, l'on aura l'épacte correspondante au nombre d'or I dans la série de cette indice, et que, pour les nombres d'or suivans, en descendant progressivement jusqu'à ce qu'on soit arrivé au nombre d'or de l'année proposée, on aura l'épacte cherchée.

Indices.	P	l	C	c	p	F	f	s
Épactes.	✶	XI	XXII	III	XIV	XXV 25	VI	XVII
Indices.	M	i	A	a	m	D	d	q
Épactes.	XXVIII	IX	XX	I	XII	XXIII	IV	XV
Indices.	G	g	t	N	k	B	b	n
Épactes.	XXVI	VII	XVIII	XXIX	X	XXI	II	XIII
Indices.	E	e	r	H	h	u		
Épactes.	XXIV	V	XVI	XXVII	VIII	XIX		

Exemple. Trouver l'épacte de l'an 1830 qui a c pour lettre indice et VII pour nombre d'or. Je prends le troisième rang au-delà de c et j'ai ✶ pour épacte sous le nombre d'or 1 dans la série de c . comptant 7 rangs en avant à partir de cette épacte j'ai l'épacte VI qui est l'épacte cherchée.

Cette table a cela d'ingénieux qu'elle fait anéantir l'épacte formée de la précédente en ajoutant 12, puisqu'on compte les épactes à partir du nombre d'or 1 jusqu'au nombre d'or XIX où devrait se faire cette addition.

§. III.

Trouver le cycle solaire et la lettre dominicale d'une année quelconque.

68. On sait que l'an 1 de J. C. avait 10 de cycle solaire et B pour lettre dominicale.

69. Voici comment on trouvera le cycle solaire pour une année quelconque.

1.° Avant J. C. : divisez par 28 le nombre qui exprime l'année proposée, retranchez le reste de 10, le dernier reste sera le cycle cherché.

2.° Après J. C. : divisez le nombre qui exprime l'année par 28 après l'avoir augmenté de 9, le reste indiquera l'année du cycle.

Les raisons de ces méthodes se déduisent évidemment du principe n.° 68.

70. Pour trouver la lettre dominicale d'une année quelconque, d'après l'ancien style, il n'y a qu'à chercher le cycle solaire de l'année proposée et prendre la lettre qui lui correspond dans la table du n.° 14.

Autre méthode. 1.° Après J. C. : ajoutez au nombre qui désigne l'année proposée le nombre de bissextes qu'il renferme, divisez la somme par 7, le reste indique la lettre dominicale en cet ordre,

B. A. G. F. E. D. C.
1. 2. 3. 4. 5. 6. 0.

Lorsque l'année proposée est bissextile, c'est la seconde lettre que donne cette méthode dont voici la raison.

L'an 1 de J. C. avait B pour lettre dominicale, donc toutes les fois que l'on aura 7 lettres l'on retombera sur B à la huitième ; c'est-à-dire, qu'après toute suite de 7 lettres, la lettre suivante est B, la deuxième A, ainsi de suite. Or, l'on a autant de lettres que d'années, plus autant qu'il y a eu de bissextes ; donc, en divisant par 7 ce nombre de lettres, on trouve la lettre dominicale pourvu que l'on suive l'ordre indiqué. Mais l'on observera que, si l'année proposée est bissextile, la lettre trouvée ne doit servir que depuis le 25 février inclusivement jusqu'à la fin de l'année, et alors la lettre précédente servira depuis le 1.er janvier jusqu'au 24 février inclusivement ; car, comme dans le calendrier on répète la lettre F du 24 au 25 février dans les années bissextiles, la seconde appartient au second ordre de dominicales et la première au premier.

2.º Avant J. C. : au nombre qui exprime l'année proposée, ajoutez 1 et les bissextes qui s'y trouvent contenus, le reste de la division par 7 indiquera la lettre dominicale en cet ordre,

C. D. E. F. G. A. B.
1. 2. 3. 4. 5. 6. 0.

On ajoute 1 parce que l'an qui précéda la naissance de J. C. fut bissextile. Observez qu'aux années bissextiles c'est la lettre dominicale qui a commencé l'année que l'on trouve par cette méthode, il faut donc prendre la suivante depuis le 25 février jusqu'à la fin.

71. D'après le nouveau style la lettre dominicale de l'an 1 de J. C. est supposée G, n.º 16.

72. Voici ce qu'on fera pour trouver la lettre dominicale d'après le nouveau style.

1.º Après J. C. : ajoutez au nombre qui exprime l'année proposée le nombre de bissextes qu'il renferme, diminué du nombre d'équations solaires qu'il renferme encore (n.° 61); comptez ainsi le reste de la division par 7.

G. F. E. D. C. B. A.
1. 2. 3. 4. 5. 6. 0.

Lorsque l'année proposée est bissextile, cette méthode donne la seconde lettre, il faut donc prendre la précédente pour le commencement de l'année.

2.° Avant J. C.: opérez comme pour l'ancien style, en ayant soin seulement de retrancher les jours qui auraient dû être enlevés par l'équation solaire (n.° 61).

73. Toute année depuis J. C. divisible par 4 est bissextile, puisque l'an 4 est bissextile lui-même. Toute année avant J. C. qui, divisée par 4, donne 1 pour reste, est encore bissextile, pour la même raison. Exceptez, dans l'un et l'autre cas, les siècles où a dû se faire l'équation solaire, si on veut compter selon le nouveau style; observant que les années où se font les équations solaires sont après J. C. les années centenaires, et avant J. C. celles qui ont précédé d'une unité les centenaires.

Article III.

Trouver le jour de Pâques d'une année quelconque.

74. On voit dans le calendrier que lorsque l'épacte est plus forte que XXIII, elle répond au mois

d'avril, et que lorsqu'elle ne dépasse pas ce nombre elle appartient au mois de mars; de plus, que depuis le 8 mars jusqu'au 5 avril, les deux inclusivement, l'épacte ajoutée au quantième forme le nombre de jours qu'a le mois, excepté pour les épactes 25 et XXIV accumulées; donc, pour avoir le jour du mois civil où tombe le 1.er jour du 1.er mois lunaire, il suffira de retrancher l'épacte de 31 si elle n'est pas plus forte que XXIII et de 30 si elle est plus forte, le reste marquera le jour de mars ou d'avril auquel tombera le 1.er jour de la 1.re lunaison, excepté lorsque l'épacte sera 25 ou XXIV, auquel cas il faudra lui ajouter 1, comme on le voit par l'inspection du calendrier. Après cela, on prendra le 14.me jour à compter du reste, et l'on aura le jour de Pâques suivant la manière de compter des Juifs, s'ils fixaient l'équinoxe au 21 mars.

75. Il ne s'agit plus que de déterminer à quel jour de la semaine tombe le jour trouvé ci-dessus. Pour cela, il n'y a qu'à observer que le 1.er mars a toujours la lettre D, de sorte que, connaissant la lettre dominicale de l'année, il n'y a qu'à remonter à la lettre D. Connaissant ainsi le jour de la semaine où tombe le 1.er mars, l'on n'aura qu'à diviser la somme des jours à partir du 1.er mars inclusivement jusqu'au jour trouvé inclusivement aussi par 7, ce qui donnera pour les restes;

D. E. F. G. A. B. C.
1. 2. 3. 4. 5. 6. 0.

Le jour de la semaine où tombe le 14.me de la 1.re lune une fois trouvé, il suffira de compter jusqu'au dimanche suivant pour avoir le jour de Pâques.

76. La quatrième des planches, rejetées à la fin de cet ouvrage, renferme une table qui montre, à la simple vue, le jour de Pâques d'une année quelconque, au moyen de l'épacte et de la lettre dominicale de cette année.

Explication. Si l'épacte est XXIII, le 1.er jour du 1.er mois lunaire tombe au 8 mars et le 14.me au 21. Mais ce jour-là ne peut servir, puisque, s'il est un dimanche, on renvoie au dimanche suivant la célébration de la Pâques. Aussi ne l'avons-nous pas marqué. Lorsque l'épacte est XXII le 1.er jour du 1.er mois tombe au 9 mars et le 14.me au 22. Lorsque l'épacte est XXI, le 1.er tombe au 10 et le 14.me au 23. Ainsi de même pour les autres épactes. Nous avons mis à côté de chaque 14.me de 1.er mois lunaire la lettre dominicale qui lui appartient dans le calendrier. Observez que, lorsque l'épacte étant XXV ou 25, la lettre dominicale est C; comme alors le 14.me jour du 1.er mois tombe un dimanche, il faut prendre le dimanche suivant, c'est-à-dire le 25 avril au lieu du 18, ce qui fait voir pourquoi nous avons continué les lettres dominicales jusqu'au 25 avril inclusivement. On voit encore par là pourquoi les bornes pascales sont le 22 mars et le 5 avril, les deux inclusivement.

Nous avons adapté la même méthode au nombre d'or de l'ancien calendrier, et cela d'après le même raisonnement, puisque, dans ce calendrier, le nombre d'or XVI se trouve au 8 mars, et le nombre d'or VIII au 5 avril, et que d'ailleurs les lettres dominicales sont les mêmes que dans le nouveau.

77. La formation de la table précédente nous explique la manière dont a été formée la table Pascale perpétuelle que l'on trouve dans les Missels et les Bréviaires, et que nous avons encore rejetée à la fin de cet ouvrage.

Explication. Lorsque la lettre dominicale est D, Pâques ne peut arriver que le 22 mars sous l'épacte XXIII seule ; sous les épactes XXII, XXI, XX, XXIX, XVIII, XVII et XVI elle arrive le 29 ; sous les épactes XV, XIV, XIII, XII, XI, X et IX elle arrive le 5 avril, ainsi du reste. D'où l'on voit que, sous la lettre D, Pâques peut arriver les 22, 29 mars, les 5, 12, 19 avril, jours où se trouve la lettre D ; sous la lettre E les 23, 30 mars, les 6, 13, 20 avril ; ainsi de suite sous les autres lettres.

78. Pour trouver le jour de Pâques suivant l'ancien style, on cherchera la lettre dominicale suivant ce style (n.ºs 69, 70), l'on prendra le nombre d'or de l'année proposée dans la table expliquée au n.° 76 et l'on descendra à la lettre dominicale suivante. On pourra encore se servir du calendrier de la primitive église. Il faut pourtant observer que le jour trouvé par cette méthode est le temps vrai où ceux qui n'ont pas reçu la réforme célèbrent la Pâques ; mais ce n'est pas réellement le temps qu'ils croient devoir compter,

puisqu'ils comptent de moins les jours retranchés par l'équation solaire (n.ºs 61 et 62).

Différence entre l'ancien et le nouveau style sur le jour de Pâques.

79. En 1582, les observations prouvèrent que l'équinoxe du printemps n'arrivait plus le 21 mars où l'avait fixé le Concile de Nicée, en 325, mais le 11 du même mois ; et de plus, que le nombre d'or qui, dans le calendrier, indique les nouvelles lunes, les reculait de 4 jours et quelque chose. Cela forma une erreur dans le jour de la célébration de la Pâques ; car, puisque le 14.me du 1.er mois doit tomber au 21 mars, jour de l'équinoxe, ou le suivre de plus près, il s'ensuit qu'avant la réformation il a dû tomber au 11 mars, auquel jour l'équinoxe arrivait réellement, ou le suivre de plus près ; donc les nouvelles lunes dont le 14.me tombait entre le 11 mars et le 20 du même mois, les deux inclusivement, étaient vraiment pascales et cependant rejetées par l'église, qui les regardait comme les dernières de l'année précédente. Ainsi, toutes les fois que le 14.me de la lune a suivi le 10 mars et précédé le 21, Pâques a été célébrée le second mois.

Ce mois de différence ne doit être que de 28 jours, puisque la différence ne commence qu'au jour où aurait dû se célébrer Pâques et qui doit être un dimanche ; donc le nombre de jours de différence doit être divisible par 7. De plus, il ne peut pas être 5×7, puisque, dans le premier mois, Pâques ne peut tomber au plus tard que le $14.^{\text{me}}$ plus 7 ou le 21, ce qui donne 9 jours pour le reste de ce mois, qui ne peut pas avoir plus de 30 jours; ces 9 jours, joints avec 14 plus 7 ou 21, le plus tard où puisse tomber Pâques le mois suivant, donnent 30 plus petit que 5×7 ou 35. Donc le mois de différence ne peut être que de 28 jours.

De plus, comme sur quatre siècles il s'en trouve trois dont il faut enlever le bissexte, il est évident qu'après chaque intervalle de 4 siècles on a 3 lunes de plus qui sont rejetées au second mois, jusqu'à ce qu'enfin on ait laissé toutes les lunes vraiment pascales et que l'on célèbre Pâques entièrement le second mois, puis le troisième, ainsi de suite.

80. Ensuite, à raison des quatre jours dont les nouvelles lunes étaient indiquées plus tard qu'il ne fallait par le nombre d'or, il arrivait que Pâques était retardée jusqu'au 25 du $1.^{\text{er}}$ mois, tandis qu'elle ne pouvait pas dépasser le 21, d'après le Concile de Nicée; puisque, lorsque le $14.^{\text{me}}$ était un dimanche, il fallait célébrer Pâques le dimanche suivant ou le 21, qui devenait le 25 par cette fausse indication des nouvelles lunes.

81. Comme l'église voulut que les nouvelle lunes fussent indiquées un jour plus tard, il s'ensuit que les nombres d'or marquaient les nouvelles lunes trois jours plus tard qu'il ne fallait; de sorte que, lorsque dans le nouveau style le $14.^{\text{me}}$ de la $1.^{\text{re}}$ lune est un jeudi, un vendredi ou un sa-

medi, dans l'ancien, c'est trois jours plus tard ou un dimanche, un lundi ou un mardi ; dans le nouveau style Pâques se célèbre le dimanche suivant, mais dans l'ancien, le 14.me jour tombant ou en ce dimanche ou le lendemain ou bien deux jours après, Pâques est célébrée réellement 7 jours plus tard. Si, dans le nouveau style, le 14.me tombe un dimanche, un lundi, un mardi ou un mercredi, dans le nouveau il tombera un mercredi, un jeudi un vendredi ou un samedi ; dans le nouveau style, Pâques se célèbre le dimanche suivant, et dans l'ancien le 14.me jour tombant avant ce dimanche ; dans l'un et dans l'autre styles, Pâques se célèbre le même jour. Donc, lorsque la 14.me lune tombe, dans le nouveau style, un jeudi, un vendredi ou un samedi, Pâques, dans l'ancien style, arrive 7 jours plus tard que dans le nouveau ; lorsque la 14.me lune tombe dans le nouveau style un dimanche, un lundi, un mardi ou un mercredi, Pâques, dans l'un et dans l'autre styles, arrive le même jour.

Dans tout ceci nous supposons les jours de l'ancien style réduits en jours du nouveau style ; car le 21 mars, par exemple, ancien style, est vraiment le 2 avril, nouveau style, en ce 19.e siècle. On peut marquer la différence artificielle en ajoutant les jours de différence des styles : 10 jours, à partir du temps de la réformation ; et depuis ce temps, 10 jours et de plus autant qu'il a dû se faire d'équations solaires.

Mais, lorsqu'on fait une équation lunaire, les

14.mes lunes sont marquées un jour plus tard et l'on a alors le mercredi, le jeudi, le vendredi et le samedi pour les jours où la différence est de 7 jours. En effet, la 14.me lune, nouveau style, tombant un mercredi, et un dimanche dans l'ancien, cinq jours après arrive le dimanche pascal qui tombe à la 14.me lune de l'ancien style, selon lequel Pâques est renvoyée au dimanche suivant. De même, après trois autres équations, pour tous les jours de la semaine, on aura 7 jours de différence; puisque, par une autre équation, le mercredi donnerait deux semaines de retard; ainsi de suite.

82. Toutes les fois qu'un jour de la semaine où la différence est de 7 jours se rencontrera avec une 14.me lune où la différence sera de 28 jours, elle se trouvera de 35 jours. Cela est évident puisqu'en prenant le 1.er mois il y aurait déjà 7 jours de différence.

Cette différence peut devenir de 42 jours et davantage, selon ce que nous avons dit à la fin du numéro précédent.

Article IV.

Trouver les autres fêtes mobiles d'une année quelconque.

83. Pour trouver les autres fêtes mobiles l'on n'a qu'à compter 46 jours en arrière, c'est-à-dire vers le commencement de l'année, depuis le jour de Pâques exclusivement pour avoir celui des cendres, observant le jour intercalaire quand il s'y rencontre. Puis de ce jour exclusivement 17 au-

tres en arrière pour avoir le dimanche de la Septuagésime. Ou bien, en comptant 6 dimanches en arrière depuis le jour de Pâques, l'on aura le jour des Cendres au mercredi d'après, et en comptant 9 dimanches en arrière depuis le même jour l'on aura la Septuagésime.

84. Comptant du jour de Pâques exclusivement 38 jours en avant vers la fin de l'année, on aura l'Ascension ; et de ce jour exclusivement 10 autres, on aura la Pentecôte ; puis de la Pentecôte exclusivement 7 autres, on aura la Trinité et 4 jours après la fête de Dieu. Ou bien : le jeudi qui suit le 5.me dimanche après Pâques exclusivement est la fête de l'Ascension, le 7.me dimanche la Pentecôte, le 8.me la Trinité, et le jeudi d'après la Fête-Dieu.

85. Pour avoir le nombre des dimanches qui se rencontrent entre l'Epiphanie, fixée au 6 janvier, et la Septuagésime, il faut prendre le quotient par 7 du nombre de jours écoulés depuis la *fête des Rois* jusqu'au jour où tombe la Septuagésime, les deux inclusivement. D'où l'on voit que si la Septuagésime tombe en février, il faut ajouter 24 au quantième, et que, si elle tombe en janvier, il faut en ôter 7 ; car janvier a 31 jours et la fête des Rois tombe le 6. Si l'Epiphanie arrive un dimanche, ce dimanche ne sera pas compté.

86. Le premier dimanche de l'Avent est fixé au 30 novembre, fête de St. André, ou au dimanche qui en est le plus près, si le 30 n'est pas un dimanche. Ce sera donc suivant les lettres do-

minicales, pour   E.   F. G. A.   B. C. D.
le   30.   1. 2. 3.   27. 28. 29.
                novembre.   décembre.   novembre.

87. Pour avoir le nombre de dimanches compris entre la Pentecôte et le 1.er dimanche de l'Avent, il ne faut que diviser le nombre de jours contenus exclusivement entre les deux par 7, et l'on aura, dans le quotient, le nombre cherché. Ou bien, comptez dans le calendrier combien de fois la lettre dominicale se trouve entre les deux termes exclusivement.

Nota. Lorsque l'année est bissextile, les fêtes qui précèdent le jour du bissexte sont d'un jour plus hautes qu'elles ne sont marquées dans la table perpétuelle rejetée à la fin de cet ouvrage.

88. Les Quatre-Temps ont été fixés par ordre de Grégoire VII au mercredi, au vendredi et au samedi : 1.º après le 1.er dimanche de carême ; 2.º après le dimanche de la Pentecôte ; 3.º après la fête de l'Exaltation de la Ste. Croix fixée au 14 septembre ; 4.º après le 3.me dimanche de l'Avent. Cependant quant au 4.º, observez que, si Noël arrive le lundi ou le mardi ou le mercredi, les Quatre-Temps commencent le mercredi suivant ; sinon, ils commencent deux mercredis avant Noël.

Il paraît que les jeûnes des Quatre-Temps ont été institués à l'imitation de ceux qui étaient en usage chez les Juifs.

Les Quatre-Temps fixés par l'église ne répondent pas exactement au renouvellement des saisons, puisque ordinairement le printemps commence le 21 mars, l'été le 21 juin, l'automne le 23 septembre et l'hiver le 21 décembre, d'après l'astronomie; cependant il peut y avoir quelquefois une différence d'un jour et même de deux jours. Il aurait été difficile pour l'église de se soumettre aux observations astronomiques, et d'ailleurs les Quatre-Temps auraient pu par là tomber en des jours où ils n'auraient pas dû être observés à cause des fêtes qui s'y seraient rencontrées.

89. Les Rogations sont le lundi, le mardi et le mercredi avant l'Ascension. La *Compassion* ou notre *Dame de pitié* est le vendredi de la Passion, excepté quand l'Annonciation se trouve ce jour-là; alors la *Compassion* se célèbre le samedi. Si St. Mathias, le 24 février ou le 25 dans les années bissextiles, est le jour des Cendres, on renvoie la fête au lendemain. Les fêtes de St. Thomas, de St. André et de St. Mathias, dans le Carême et l'Avent seulement, se remettent du dimanche au lundi. Quand l'Annonciation tombe depuis le dimanche des Rameaux inclusivement jusqu'au dimanche de Quasimodo inclusivement aussi, on la renvoie au lendemain de Quasimodo. Quand la Conception tombe au second dimanche de l'Avent elle se renvoie au lendemain. Nous parlons ici du rit romain; en général les autres lui sont conformes sur ces articles.

Suivant le rit parisien, la fête des cinq plaies se célèbre le vendredi avant la Quadragésime; la

Susception de la couronne d'épines le 1.er dimanche d'août, à moins que la Transfiguration fixée au 6 ne la fasse renvoyer au second dimanche. Suivant le même rit, la fête de Ste. Honorine, fixée au 27 février, se fait le 28 aux années bissextiles.

90. Depuis le *Concordat* il n'existe plus en France que quatre fêtes chômées (hors celles qui sont fixées au dimanche); savoir : Noël, l'Ascension, l'Assomption et la fête de tous les Saints ou la Toussaint.

91. Depuis le même concordat, les vigiles avec jeûne ont été réduites en France à celles de la Pentecôte, de l'Assomption, de la Toussaint et de Noël. On pourrait y joindre la vigile de la fête de St. Pierre et St. Paul fixée au 29 juin qui est jeûnée dans un grand nombre de diocèses.

92. Le jeûne des vigiles qui tombent au dimanche se transfère au samedi précédent, quand même ce serait une fête. Si Noël arrive un samedi ou un vendredi, on peut faire gras.

93. Il ne peut y avoir tout au plus que 53 dimanches dans l'année, quand même elle serait bissextile, et tout au moins il doit y en avoir 52. Vingt-un de ces dimanches sont déterminés, savoir : 9 de la Septuagésime à Pâques, 8 de Pâques à la Pentecôte inclusivement, et 4 de l'Avent. Les dimanches après l'Epiphanie et après la Pentecôte sont indéterminés ; leur somme est 30 ou 29, selon que la lettre dominicale est A et G ou quelqu'autre. Entre Noël et l'Epiphanie il y

ECCLÉSIASTIQUE.   91

a ordinairement deux dimanches. Le nombre de dimanches après la Pentecôte ne saurait être plus fort que 28, ni plus faible que 23. Il ne peut pas y avoir moins d'un dimanche entre l'Epiphanie et la Septuagésime, ni plus de 6.

94. Les termes des fêtes mobiles sont : pour la Septuagésime, le   18 janvier et le 21 février.
Le jour des Cendres .   4 février . . 10 mars.
Pâques . . . .   22 mars , . . 25 avril.
L'Ascension . . . . . 30 avril . . . 3 juin.
La Pentecôte . . . . 10 mai . . . . 13 juin.
La Fête-Dieu . . . 21 mai . . . . . 24 juin.

Les deux termes de chaque fête mobile étant éloignés de 35 jours l'un de l'autre, cela a donné lieu à la construction de 35 calendriers tels qu'on les voit dans l'*Art de vérifier les dates*, et dans le *Calendrier chronologique de Pilgran*.

CHAPITRE SUPPLÉMENTAIRE.

DE PLUSIEURS CHOSES QUI ONT RAPPORT AU COMPUT ECCLÉSIASTIQUE.

95. Nous parlerons dans ce chapitre du moyen de trouver l'âge de la lune pour un jour quelconque de l'année ; en second lieu, du martyrologe ; troisièmement de la division du jour pour la récitation de l'office, et des noms donnés aux jours de la semaine par l'église ; enfin de quelques périodes, ères et cycles.

ARTICLE I.er

Trouver l'âge de la lune au moyen de l'épacte.

96. Il n'est pas d'autre méthode pour trouver l'âge vrai de la lune que les observations et les calculs astronomiques. Dès que l'on se sert de l'épacte l'on n'a que l'âge moyen, qui ne coïncide pas toujours avec l'âge vrai et peut en différer d'un ou de deux jours et quelquefois même de plus de deux jours. Cela provient de ce que l'on a calculé l'épacte d'après la valeur moyenne de la durée de l'année, et non d'après sa valeur astronomique, et de ce qu'on a fixé au 21 mars l'équinoxe du printemps, quoique réellement il s'en écarte quelquefois de plusieurs jours. Ce qui peut encore augmenter cette différence, c'est que, comme nous l'avons observé n.° 55, les épactes ont été

indiquées un jour plus tard qu'elles n'auraient dû l'être naturellement. Quoiqu'il en soit, comme après chaque cycle lunaire, le cours du soleil par rapport à celui de la lune, redevient à fort peu près le même qu'un cycle auparavant, la différence de l'âge vrai de la lune avec l'âge moyen ne saurait dépasser l'excès ou la différence de la plus grande ou de la plus petite valeur du jour lunaire ou solaire sur la moyenne, et ce maximum de différence ne saurait avoir lieu qu'au commencement et à la fin du cycle lunaire, puisque, pendant tout le cours, la valeur vraie du jour solaire ou lunaire augmente ou diminue, et que la valeur moyenne que l'on a employée dans les calculs est la valeur vraie qui a cours vers le milieu de la période.

97. On trouvera dans la Connaissance des temps et dans les Annuaires du bureau des longitudes la valeur vraie de l'âge de la lune pour tous les jours de l'année, et on pourra comparer cette valeur avec la valeur moyenne que nous allons donner au moyen de l'épacte. On verra par cette comparaison que, pendant tout le mois lunaire de juin, en 1830, l'âge vrai de la lune a eu un jour de plus que l'âge moyen ; on pourra même suivre ainsi la progression des différences.

98. Pour trouver l'âge de la lune au moyen de l'épacte, ajoutez le quantième du mois, l'épacte et le nombre de mois écoulés depuis mars exclusivement jusqu'au mois où l'on se trouve inclusivement ; le résultat donnera l'âge de la lune,

telle qu'il est indiqué dans le calendrier par l'épacte. Excepté en janvier où l'on n'ajoute rien au quantième plus l'épacte, et en février où l'on ajoute 1.

Voici la raison de cette méthode : l'épacte d'une année marque l'âge de la lune avant le commencement de cette année, et comme les mois de janvier et de février font ensemble la durée de deux lunaisons, il s'ensuit que le dernier jour de février a encore la même épacte que le dernier jour de décembre. Par conséquent, s'il s'agissait de savoir le quantième de la lune pour un jour du mois de mars, il suffirait d'ajouter à l'épacte le nombre de jours écoulés depuis le commencement du mois ; il en serait de même pour janvier. D'où l'on voit que, si tous les mois lunaires étaient égaux aux mois solaires et civils, il suffirait d'ajouter partout ces deux nombres l'épacte et le quantième ; mais comme depuis le mois de mars les mois solaires excèdent les mois lunaires d'un jour, il faut ajouter à ces deux nombres autant d'unités qu'il y a de mois écoulés depuis mars. Et comme le 1.er février l'âge de la lune a une unité de plus que l'épacte donnée, car janvier, mois solaire, excède d'un jour le mois lunaire, l'on voit pourquoi en février il faut ajouter 1 à cette somme.

Remarquez que, si le résultat excède de 30 ou 29, il faudra en retrancher l'un ou l'autre suivant que le mois écoulé aura dû avoir 30 ou 29 jours, le reste marquera l'âge de la lune. Or, on sait que les mois lunaires de 30 jours sont ceux qui se terminent en janvier, mars, mai, juillet, septembre et novembre, les autres ne sont que de 29.

99. Autre méthode : depuis mars inclusivement jusqu'en janvier exclusivement ajoutez le quantième, l'épacte et le nombre de mois écoulés depuis mars exclusivement en y comprenant le mois où l'on se trouve, le reste en ôtant 30 ou 29 s'il y a lieu, est l'âge de la lune. (On ôte 30 ou 29 suivant l'observation du numéro précédent). Pour janvier et février, prenez l'épacte de l'année précédente et opérez de même. Le résultat vous donnera l'âge cherché. En effet, l'épacte de l'année précédente, au 1.er janvier de l'année présente, a dû être augmentée d'autant de jours qu'il y a de mois depuis mars exclusivement, donc en ajoutant le quantième du mois on doit avoir l'âge de la lune, cela est évident.

Article II.

Du Martyrologe.

100. Le martyrologe indique les fêtes des martyrs selon le jour de leur mort; c'est ce qui lui a fait donner le nom qu'il porte, quoiqu'il marque aussi les fêtes de plusieurs saints non martyrs.

101. On y a placé, à chaque jour de l'année, la lettre dominicale et l'épacte, comme dans le calendrier Grégorien. Chaque jour y est désigné, d'abord comme dans le calendrier romain par calendes, ides et nones, et ensuite par l'âge de la lune.

102. Pour fixer dans le martyrologe, d'une manière invariable, à chaque jour de l'année, l'âge de la lune, on s'est servi d'une méthode ingénieuse entièrement fondée sur la table étendue des épactes et sur le calendrier.

103. D'abord on a désigné les 30 épactes par les lettres indices de la table étendue, donnant à l'épacte 25 une lettre d'une autre couleur ou d'un autre caractère qu'à celle de l'épacte XXV, afin de les distinguer, le tout en cet ordre:

I	II	III	IV	V	VI	VII	VIII	IX	X
a	*b*	*c*	*d*	*e*	*f*	*g*	*h*	*i*	*k*
XI	XII	XIII	XIV	XV	XVI	XVII	XVIII	XIX	XX
l	*m*	*n*	*p*	*q*	*r*	*s*	*t*	*u*	A
XXI	XXII	XXIII	XXIV	XXV.25	XXVI	XXVII	XXVIII	XXIX	✶
B	C	D	E	F*f*	G	H	M	N	P

on a préféré prendre les lettres indices plutôt que les épactes elles-mêmes, de peur que l'on ne confondît celles-ci avec les nombres qui devaient indiquer l'âge de la lune.

104. On a disposé ces 30 lettres en chaque jour de l'année, de manière que tous les jours la même lettre indique l'âge de la lune. Et voici comment: lorsque l'épacte est ✶ ou P, la nouvelle lune arrive le 1.ᵉʳ janvier, on a donc placé 1 sous P; lorsque l'épacte est I ou *a*, la nouvelle lune arrive le 31 décembre de l'année précédente, donc le 1.ᵉʳ janvier est le second jour du 1.ᵉʳ mois lunaire, on a placé pour ce motif 2 sous *a*

en ce jour ; de même, lorsque l'épacte est II ou b, le 1.ᵉʳ janvier est le 3.ᵐᵉ jour du 1.ᵉʳ mois lunaire, on a donc placé 3 sous b ; lorsque l'épacte est III, le 1.ᵉʳ janvier est le 4.ᵐᵉ jour du 1.ᵉʳ mois lunaire, on a donc écrit 4 sous c ; ainsi de suite.

Pour les autres jours de l'année on augmente les nombres écrits sous chaque lettre d'une unité, ayant soin de faire les lunaisons alternativement de 30 et de 29 jours ; ce qui fait que, suivant que la lunaison doit avoir 30 ou 29 jours, et que le nombre qui doit être écrit sous une lettre surpasse 30 ou 29, on en retranche ce nombre et le reste marque l'âge de la lunaison suivante.

105. Sous les deux lettres *f* et F est écrit le même nombre en tous les jours qui, dans le calendrier, ont les deux épactes XXV et 25 correspondantes au même jour.

Sous les deux lettres *f* et G est écrit le même nombre en tous les jours qui, dans le calendrier, ont les deux épactes 25 et XXVI correspondantes au même jour.

Sous les deux lettres E et F est encore écrit le même nombre, en tous les jours qui, dans le calendrier, ont les deux épactes XXIV et XXV correspondantes au même jour.

106. La raison de ces trois circonstances est que, ces épactes étant accumulées dans le calendrier de deux en deux, la nouvelle lune tombe au même jour quelle que soit celle des deux qui se rencontre en l'année courante.

7

107. Pour former la table synoptique d'un jour quelconque : écrivez les lettres comme au n.º 101 ; posez au-dessous de la lettre qui représente l'épacte fixée dans le calendrier au jour donné le nombre 1, puisque cette épacte marque la nouvelle lune en ce jour. Comme les épactes précédentes jusqu'à celle qui est plus petite d'une unité inclusivement, marquent que la lunaison s'est terminée après autant de jours qu'il y en a depuis le jour proposé exclusivement jusqu'à chacune d'elles inclusivement, écrivez sous les lettres suivantes des nombres plus grands chacun d'une unité ; ayant soin de marquer le même nombre sous les lettres dont les épactes correspondantes se trouvent en un même jour dans le calendrier.

108. Observez que, lorsque l'épacte est 19, ce qui arrive lorsque l'épacte XIX se rencontre avec le nombre d'or XIX, le 31 décembre doit être le 1.ᵉʳ de la lune (n.º 44). Pour indiquer cela dans le martyrologe, il faudrait imaginer une lettre d'un caractère différent que A correspondante à XX qui se trouve aussi au 31 décembre, comme A, sous laquelle il faudrait écrire le même nombre que sous A.

109. La lettre du martyrologe pour une année quelconque est déterminée par l'épacte de cette année, d'après la table du n.º 101.

ARTICLE III.

Jour de la semaine; Division du jour.

110. On rapporte plusieurs raisons, qui peuvent avoir engagé les anciens à donner aux jours de la semaine les noms des planètes, selon un ordre régulièrement interrompu par rapport à l'ordre qu'ils donnaient à celles-ci dans le ciel.

Mercure.	Vénus.	Lune.	Soleil.
Mercredi.	Vendredi.	Lundi.	Dimanche.
Mars.	Jupiter.	Saturne.	
Mardi.	Jeudi.	Samedi.	

Voyez sur ce sujet le Calendrier romain de *Blondel*. Une des principales raisons est que les anciens donnaient au jour le nom de la planète qui commandait à la première heure. Ainsi l'on a appelé jour de Saturne ou samedi, celui dont la première heure était sous le commandement de Saturne ; et comme les heures suivantes étaient successivement sous le pouvoir des planètes suivantes, on peut penser que la 2.me heure était pour Jupiter, la 3.me pour Mars, la 4.me pour le Soleil, la 5.me pour Vénus, la 6.me pour Mercure et la 7.me pour la Lune ; ensuite la 8.me retournait sous Saturne qui devait avoir aussi la 22.me ; de sorte que la 23.me venait à Jupiter, la 24.me à Mars et la 1.re du jour suivant au Soleil, ce qui fit donner à ce jour le nom de *jour du soleil*; ainsi de suite, de sorte que l'on laisse une planète intermédiaire.

111. La division de la semaine en 7 jours se rapporte à la création. Le septième jour où Dieu se reposa fut appelé *Sabbat*, mot qui, dans la langue hébraïque signifie repos. Les autres jours chez les Juifs reçurent leur nom de celui-là : celui qui suivait immédiatement le sabbat s'appelait le 1.er du sabbat, puis le suivant le second du sabbat, jusqu'au sixième qui était autrement appelé *Parasceve* ou le jour de la préparation au sabbat.

112. Les noms des jours de la semaine dans l'église n'ont pas une origine moins sainte, puisqu'ils se rapportent à la Résurrection de notre Sauveur, laquelle a fait donner le nom de *Dominica* ou Dimanche au jour que les Juifs appelaient le 1.er du sabbat, parce que ce fut en ce jour que s'accomplirent les principaux mystères de notre religion.

Comme les premiers fidèles, pour témoigner la joie qu'ils ressentaient dans la célébration de la Pâques, avaient coutume de sanctifier la semaine toute entière, et de s'abstenir de tout ouvrage servile durant ce temps, ce que l'on appelle en latin *feriari*, le pape St. Sylvestre, dans le 4.me siècle, donna pour ce sujet le nom de seconde férie au jour qui suivait immédiatement le St. Dimanche, celui de troisième férie au jour suivant, et ainsi de suite pour les autres, conservant au samedi le nom de sabbat en mémoire de la création.

L'église emploie encore aujourd'hui ces noms de la semaine dans la distribution de l'office, pour signifier à ses ministres qu'ils doivent consacrer au Seigneur tous les jours, principalement par la récitation du St. Office.

113. A l'exemple des Hébreux, des Romains et des peuples orientaux, l'église divise le jour naturel en quatre parties, à chacune desquelles elle donne trois heures, c'est-à-dire qu'elle divise chacune d'elles en trois parties égales. La première de ces quatre parties commence au lever du soleil et dure pendant la 4.me partie du jour ; tout son cours est appelé *Prime*. La seconde commence avec le second quart du jour et dure jusqu'à la moitié ; son cours entier est appelé *tierce*. La troisième commence au milieu du jour et finit à la quatrième partie ; on l'appelle *sexte*. Enfin la dernière commence à la quatrième partie et se termine au coucher du soleil ; elle s'appelle *none*. Tout le cours de la nuit est aussi divisé en quatre parties dont chacune est désignée par le nom de *vigile*. C'est de là que ce mot a signifié la veille des grandes fêtes, parce qu'aux jours qui précédaient ces fêtes la récitation de l'office divin se prolongeait bien avant dans la nuit.

Article IV.

De quelques Cycles, Périodes et Ères.

114. On appelle cycle un espace de temps déterminé, que l'on recompte dans le même ordre toutes les fois qu'il est achevé, et auquel on rapporte ordinairement les faits de l'histoire.

Le mot cycle a cependant deux acceptions : il

se prend pour la révolution entière et pour les différentes années de la révolution.

115. On trouve souvent dans l'histoire ecclésiastique l'année indiquée par le cycle d'*indiction*. Ce cycle comprend 15 années Juliennes; il n'est point astronomique. Il y a plusieurs sentimens sur son origine. On prétend communément qu'il a été introduit à Rome sous les empereurs. Il est relatif à certains actes judiciaires qui se faisaient à des époques réglées.

On sait que l'an 1 de notre ère l'année de l'indiction était la 4.me.

D'après cela, pour trouver l'indiction d'une année quelconque après J. C. : divisez par 15 le nombre qui exprime cette année, après l'avoir augmenté de 3, le reste marquera l'indiction. Avant J. C. : divisez le nombre qui exprime l'année par 15, retranchez le reste de 4, le dernier reste sera l'année de l'indiction.

Nota. Nous avons parlé dans les n.ºs 13, 68 et 69 du *cycle solaire* de 28 ans, et dans les n.ºs 26, 52 et 53 du *cycle lunaire* de 19 ans.

116. De la multiplication des nombres qui expriment les trois cycles précédens se forme la *période Julienne*, ainsi appelée du nom de son inventeur *Jules-Joseph Scaliger*. Cette période a donc 7980 ans. Elle sert dans la chronologie à désigner les années. On lui rapporte toutes les ères usitées. Comme les nombres 15, 28 et 19 qui la composent sont premiers entr'eux, c'est-à-dire qu'ils n'ont de facteur commun que l'unité, il est évi-

dent que les trois cycles ne reviennent ensemble dans le même ordre pour chaque année que tous les 7980 ans, et que dans toute l'étendue d'une même période chaque année a ses cycles qui lui appartiennent en propre et qui la caractérisent; en sorte qu'aucune autre ne les réunit. Et parce que depuis le commencement du monde et à plus forte raison depuis l'ère chrétienne il ne s'est pas écoulé une période entière, que de plus, on sait que l'an 1 de notre ère a eu pour cycle solaire 10, pour cycle lunaire 2, et 4 pour cycle d'indiction, il est facile de reconnaître que l'an 1 de notre ère se rapporte à l'an 4714 de l'ère Julienne, puisque c'est la seule année de cette ère qui, divisée respectivement par 28, 19 et 15, donne les restes 10, 2 et 4.

Pour rapporter une année quelconque à la période Julienne, et réciproquement : 1.° si l'on donne l'année de la période, où elle sera plus faible que 4714 et alors elle correspondra à une année antérieure à J. C., et retranchant le nombre qui l'exprime de 4714, le reste indiquera cette année; ou bien elle sera plus forte que 4714, alors on retranchera du nombre qui l'exprime 4713, et le reste indiquera l'année après J. C. ; 2.° si l'on donne l'année avant ou après J. C., on retranchera le nombre qui exprime cette année de 4714, et le reste indiquera l'année de la période dans le premier cas, dans le second il faudra l'ajouter à 4713, et la somme indiquera aussi l'année de la période (1).

―――――――

(1) Si on désire voir la solution du problème qui donne l'année de la période au moyen des trois cycles de cette

La période Dionysienne, ainsi nommée du nom de son inventeur *Denis dit le Petit*, est formée du produit des nombres qui expriment le cycle solaire et le cycle lunaire. Elle renferme 532 ans. Elle servit d'abord à trouver le cycle solaire et le cycle lunaire; car, pour cet effet, il suffisait de diviser le nombre qui exprimait l'année présente de la période par 28 ou 19, le reste donnait l'un

année, on pourra consulter le Cours élémentaire de mathématiques de *Lacaille*, ou l'Astronomie physique de *Biot*, ou bien encore le 8.ᵉ livre de l'Astronomie de *Lalande*. Nous donnerons cependant ici la formule qui détermine l'année cherchée. Nous y représentons par r l'année du cycle solaire, par r' celle du cycle lunaire et par r" celle du cycle d'indiction, par n un nombre entier quelconque, et par x l'année cherchée. On aura,

$$x = 7890n + 4845r - 3780r' - 1064r''$$,

formule que l'on peut traduire ainsi : les produits du nombre d'or par 3780 et de l'indiction par 1064, étant ôtés du produit de 4845 par le cycle solaire (augmenté, s'il le faut de 7980), on divisera la différence par 7980, si cela se peut; le reste de la division sera le nombre cherché ou l'année de la période Julienne.

Exemple. La 1.ʳᵉ année de l'ère vulgaire les cycles étaient 10, 2 et 4 ; les trois produits sont 7560, 4256 et 48450, le quotient 4, et le reste de la division 4714, c'est le nombre cherché ou l'année de la période Julienne qui répond à la 1.ʳᵉ année de l'ère vulgaire.

On ajouterait le nombre 7980 pris autant de fois qu'il le faudrait, si la somme des trois produits était négative ; mais quand le nombre positif est plus grand que les deux produits négatifs, il n'y a rien à ajouter aux trois produits, et n'est égale à zéro.

ou l'autre cycle. La première année de l'ère vulgaire était la 458.ᵐᵉ de la période Dionysienne, puisqu'en divisant 458 successivement par 28 et 19 on trouve les restes 10 et 2, et que les deux nombres qui ont produit la période entière sont premiers entr'eux (1).

La période Ludovicienne fut introduite en 1683 par *Jean Louis*, de l'ordre des capucins. Elle est formée du triple produit du cycle solaire, du cycle lunaire et du cycle des 30 épactes. (L'on suppose que la première année de l'ère vulgaire était la 24.ᵐᵉ de ce dernier cycle). Elle comprend donc 15960 ans. Cette période jouit des mêmes propriétés que la période Julienne ; elle est encore plus étendue, mais elle ne peut servir pour déterminer l'épacte, parce qu'elle ne suppose aucune équation par rapport à celle-ci, ce qui fait évanouir le but de son invention. C'est sa 7364.ᵉ année qui correspond à la 1.ʳᵉ de notre ère, puisque ce nombre est le seul qui, divisé successivement par 28, 19 et 30, donne les restes 10, 2 et 24, et que les nombres qui ont formé la période entière n'ont d'autre facteur commun que l'unité.

---

(1) Voici la formule qui donne l'année de la période Dionysienne correspondante à l'année dont le cycle solaire et le cycle lunaire sont connus :

$$x = 532n + 57r - 56r'.$$

Les explications de la formule de la note précédente s'appliquent aussi à la formule présente.

117. L'on nomme *Saros* ou *Période Chaldaïque* ou *Période de Pline*, un intervalle de 18 ans et 10 jours au bout desquels on a observé que les éclipses reviennent ; de manière que l'on peut prédire assez exactement une éclipse par le moyen de celle que l'on a observée 18 ans et 10 jours auparavant.

118. L'ère des *Olympiades*, adoptée autrefois dans toute la Grèce, était une manière de compter les années par une période de quatre années solaires complètes. On appelle olympiade cette révolution de 4 ans. Le commencement de chaque nouvelle olympiade, c'est-à-dire, de chaque cinquième année était, dans la Grèce, signalée par des jeux magnifiques auxquels on se rendait de toutes parts, et qui se célébraient près d'Olympie, ville du Péloponèse. De là le nom d'olympiade. Cette manière de compter les années fut introduite par *Iphitus*, fondateur des jeux olympiques ; aussi la nomme-t-on quelquefois la période d'*Iphitus*. La première année de la 1.re olympiade concourt avec l'année 3938 de la période Julienne, ce qui répond à 776 ans avant l'ère chrétienne. Cette année avait donc 18 de cycle solaire, 5 de cycle lunaire et 8 de cycle d'indiction.

D'après ces données, rien de plus facile que de ramener à la période Julienne ou à l'ère chrétienne une année indiquée en olympiade. Supposons, par exemple, que l'on veuille savoir à quelle date répond la 2.me année de la 87.me olympiade. Cette époque fut fameuse en Grèce par le commencement de la guerre du Péloponèse, qui se déclara peu de mois auparavant. On observera qu'au commencement de l'année désignée, il y avait 86 olympiades révolues, lesquelles étant multipliées par 4 donnent 344 années qui, avec les deux années de plus, donnent 346 ans depuis le commencement de la période d'*Iphitus*. C'est par conséquent une unité de moins, ou 345 ans à ajouter à la première année de cette période. Or, celle-ci avait pour rang 3938 dans la période Julienne; ainsi, en lui ajoutant 345, la somme 4283 sera le nombre de la période Julienne qui répond à la 2.me de la 87.me olympiade. Si l'on veut maintenant rapporter cette même année à l'ère chrétienne, il suffit d'ôter le nombre 4283 de 4714, parce qu'il s'agit d'une époque antérieure à l'ère chrétienne; la différence est 431 années, c'est-à-dire que la seconde année de la 87.me olympiade répond à la 341.me avant l'ère chrétienne.

119. La fondation de *Rome* est encore une époque importante à connaître, parce que c'est d'elle que comptent tous les historiens latins. Cette ère, d'après Varron, se rapporte au 21 avril de l'année 3961 de la période Julienne, 753 ans avant l'ère vulgaire.

120. L'ère de *Nabonassar*, roi des Chaldéens, est une autre époque célèbre par les observations astronomiques qui servirent à en fixer l'origine, et par l'usage qu'en ont fait Hipparque et Ptolémée pour y rapporter leurs propres observations.

Le commencement de cette ère répond au 26 février de l'année 3967 de la période Julienne. Le commencement du mois égyptien *Thoth* arriva le 26 février. Cette période n'est employée que par les astronomes : elle n'est pas usitée dans l'histoire.

121. L'*hégire*, ère adoptée par les Turcs, commence le vendredi, 16 juillet de l'année 5335 de la période Julienne, ce qui répond à 622 ans après l'ère chrétienne, comme on peut le voir en faisant le calcul. Cette ère est importante à connaître à cause des astronomes arabes qui l'ont employée. Les années arabes sont des années lunaires composées de 12 révolutions synodiques de la lune, c'est-à-dire de 354 jours 8 heures 48 minutes 33 secondes 64 tierces. Pour appliquer cette période à l'usage civil, ils se servent d'une intercallation, et font successivement leurs années de 354 et de 355 jours. L'ordre de cette intercallation se règle sur un cycle de 30 ans, dans lequel il y a 11 années de 355 jours, qui sont les années 2, 5, 7, 10, 13, 15, 18, 21, 24, 26 et 29 ; les dix-neuf autres sont de 354. La somme de ces 30 années lunaires font 10631 jours moyens, et est seulement de 0 jour 011680 plus faible que 360 révolutions synodiques moyennes. Ce cycle a commencé le 14 septembre 1757 de notre ère, avec l'année 1171 de l'hégire. L'origine des années lunaires suivantes se transporte successivement dans les diverses parties de l'année solaire, à cause de la différence qui existe entre les

durées des révolutions de la lune et du soleil (1).

122. Telle est l'origine du mot ère, en latin *æra* : en Espagne on comptait les années à partir du commencement du règne d'Auguste : *Ab exordio regni Augusti*, ce que l'on désignait seulement par les lettres initiales A.E.R.A ; ce qui fit lire par la suite des temps *ÆRA*. En général, l'ère étant une manière de compter à partir d'un point : *Ab exordio rei alicujus* ; les lettres initiales de ces mots ont pu faire donner à cette manière de compter le nom *ÆRA*.

---

(1) Le fond des quatre numéros précédens est pris de l'Astronomie de M. Biot.

FIN.

ERRATUM.

Les lettres minuscules du tableau appartenant à la page 96 auraient dû avoir un caractère ordinaire, la seule lettre f correspondante à l'épacte 25 conservant celui qu'elle a dans le tableau.

HISTOIRE
DU
CALENDRIER ROMAIN.

1. Comme le Calendrier romain fut composé dans son origine sur celui des Grecs, il ne sera pas hors de propos d'exposer en peu de mots les différentes variations qu'éprouva le calendrier de ces derniers.

CHAPITRE I.er

Année des Grecs.

2. Les Grecs firent d'abord leur année de 12 lunaisons, et chaque lunaison de 30 jours. Bientôt ils réduisirent cette année de 360 jours à 354, en faisant les lunaisons de 30 et 29 jours alternativement ; et alors, pour faire correspondre cette année lunaire à l'année solaire, ils ajoutèrent à la fin de chaque période de 2 ans un mois intercallaire de 22 jours, appelé ἐμβολιμαῖος, embolimaïon.

3. Dans la suite, à raison des 6 heures négligées chaque année (n.° 8 du Comput), ce qui fait un jour tous les 4 ans, ils convinrent de ne

faire l'intercallation qu'au bout de la 4.me année ; ce qui porte ce mois embolismique à 45 jours. Ce fut à l'époque de cette correction qu'ils instituèrent les jeux olympiques pour consacrer l'ère à laquelle ils donnèrent le nom du lieu où ces jeux étaient célébrés.

4. Cependant ils s'aperçurent long-temps après que cette intercallation ne faisait pas correspondre tout à fait l'année solaire avec l'année lunaire ; aussi doublèrent-ils la période, ils la firent de 8 années. Ils lui en avaient encore substitué une de 11 années lorsque Méton parut.

5. Ce célèbre Athénien, unissant les deux dernières périodes qui avaient été en usage, en forma une plus exacte de 19 années, comme nous l'avons exposé au long dans le traité du Comput Ecclésiastique, n.ºs 23, 24, 25, etc.

CHAPITRE II.

Calendrier de Romulus.

6. Vers l'an 752, Romulus voulant donner un calendrier à ses sujets, distribua l'année en 10 mois qu'il forma successivement d'après l'intervalle qui se rencontrait d'une nouvelle lune à l'autre. Il dédia le 1.er de ces mois au dieu *Mars* qu'il disait son père. Il appela le second Aprilem, *avril* du mot latin *aperire* qui signifie *ouvrir, se développer*, parce qu'en la saison où arrivait ce mois la terre semblait s'ouvrir pour laisser ses productions se développer. Il nomma le 3.me Maïum, *mai*

et le 4.ᵐᵉ Junium, *juin*, en mémoire du partage qu'il venait de faire du peuple en majores, *les hommes en âge* réservés aux délibérations, et en juniores, *les jeunes-gens* destinés aux armes. D'autres veulent que ce soit en l'honneur de Maïa, mère de Mercure et de la déesse Junon qu'il ait donné ces noms aux mois dont il s'agit. Romulus assigna aux autres mois les noms que désignait leur ordre. Les noms des 10 mois respectifs de l'année furent donc : mars, avril, mai, juin, quintile, sextile, septembre, octobre, novembre et décembre.

7. Romulus divisa chaque mois en trois parties inégales ; et cela, dit-on, d'après les trois variétés de la lune : en effet, ou elle est nouvelle, *nova luna*, ce qui fit qu'il appella Nones cette partie du mois ; ou elle est pleine, en grec εἶδος ἐστι, d'où il prit le nom d'Ides qu'il donna à la seconde partie ; ou elle se cache sous les rayons du soleil, *sub radiis solis celatur*, ce qui le détermina à donner le nom de Calendes à cette dernière portion du mois.

Cela semble expliquer pourquoi Romulus donna deux jours de plus aux nones en certains mois : c'est qu'en ces mois la lune demeurait peut-être plus long-temps à sortir des rayons du soleil, et que ce retard ne peut dépasser deux jours.

Selon d'autres, le mot Calendes vient de ce que du temps de Romulus, le sacrificateur avait coutume, le premier jour du mois, d'avertir le peuple en criant à haute voix, Καλῶ, *calo*, cinq fois de suite si les Nones n'avaient que cinq jours en ce mois, ou sept fois si elles en avaient sept. Le mot Ides, de l'ancien mot Étrusque, *iduare*, *diviser*, parce que les ides divisent à peu près le mois en deux parties égales. Et le mot Nones, peut être de ce que, dans le principe, le jour où elles arrivent était appelé *Nono Idus*, *le neuvième jour avant les Ides*.

8. Quoiqu'il en soit de cette étymologie, le mot Calendes a donné son nom au calendrier, parce qu'il paraissait à la tête de chaque mois.

9. On a exprimé en deux vers toutes les inégalités que Romulus avait assignées au nombre de jours que devaient avoir les Nones et les Ides de chaque mois.

  Sex Maïus Nonas, october, Julius et Mars;
  Quatuor at reliqui. Habet Idus quilibet octo.

C'est-à-dire que ces quatre mois, mars, mai, juillet ou sextile et octobre ont six jours de Nones, et que tous les autres n'en ont que quatre; mais qu'il y a partout huit jours pour les Ides.

10. Voici donc la formation du calendrier de Romulus.

Le premier jour de chaque mois s'appelle toujours Kalendæ le jour des Calendes ou simplement *les Calendes* du mois courant; puis aux quatre mois, mars, mai, sextile et octobre, le septième jour s'appelle Nonæ jour des Nones ou simplement *les Nones*, et le quinzième Idus *les Ides*. Aux autres mois, les Nones arrivent le cinq et les Ides le treize. Les autres jours se comptent à rebours et vont

DU CALENDRIER ROMAIN. 115

toujours en diminuant : on appelle jours avant les Nones ceux qui se trouvent avant le jour des Nones ; il en est de même des jours qui précèdent les Ides. Après les Ides viennent les jours qui précèdent les Calendes du mois suivant, et que l'on compte toujours en rétrogradant et selon le nombre de jours qui restent au mois depuis le jour des Ides jusqu'à la fin.

La planche qui présente le calendrier de Romulus a été rejetée, comme les autres, à la fin de l'ouvrage ; c'est la première de celles qui appartiennent à l'histoire du calendrier romain.

CHAPITRE III.

Calendrier de Numa Pompilius.

11. Numa qui succéda à Romulus vers l'an 714 sentit le besoin de réformer le calendrier romain. Il voulut se conformer aux Grecs en faisant l'année de 354 jours ; mais par une superstition égyptienne il rejeta tous les nombres pairs ; il fit donc l'année de 355 ; il ôta un jour de chacun des six mois, avril, quintile, sextile, septembre, novembre et décembre, afin qu'ils n'en eussent que 29. Cela réduisit l'année de Romulus qui avait 304 jours à 298. Il distribua les 57 jours qui manquaient pour faire 355, en deux mois qu'il plaça avant mars, il les appela *janvier* et *février* ; il donna 29 jours au premier et 28 au second. Comme il fallait que ce dernier eût un nombre pair de jours, il le dédia aux sacrifices infernaux.

Il appela le 1.er de ces mois, Januarius, *janvier*, du latin Janua, *porte*, parce que placé au commencement de l'année il en était l'ouverture ; ou plutôt encore parce qu'il le consacra à Janus, ancien roi du Latium, représenté avec deux têtes ou deux visages, dont l'un regardait le passé et l'autre l'avenir. Ce qui peut expliquer pourquoi Numa plaça ce mois le premier, afin qu'il ouvrît et terminât en même temps l'année. Il appela le second, februarius, *février*, de Februus, nom de Pluton, auquel il le consacra comme au Dieu des lustrations. Il ordonna qu'en ce mois les lustrations eussent lieu dans Rome.

12. Pour faire commencer l'année avec la saison, Numa fixa le 1.er janvier au jour où tombait alors le solstice d'hiver, et pour fixer le commencement de l'année selon le renouvellement de cette saison, il se servit de l'intercallation de 45 jours en usage chez les Grecs (n.° 3), et au lieu de ne la faire que tous les 4 ans, il la distribua de deux en deux ans en deux parties : ainsi au bout des deux premières années il faisait faire l'intercallation d'un mois de 22 jours, après la fête dite TERMINALIA, qui arrivait au 24.me jour du mois de février ou au VI des Calendes de mars ; et après les deux autres il terminait l'intercallation en ajoutant, après le même jour, un mois de 23 jours. L'un et l'autre de ces deux mois étaient appelés *Marcedonius*.

13. Ainsi tous les 8 ans, le calendrier complet de Numa aurait 8 jours de plus que le calendrier Grec (n.° 11). Pour prévenir cette discordance on eut soin de ne faire tous les 8 ans

que de 15 jours au lieu de 23 le second mois intercallaire.

On voit dans la planche 1.re le calendrier romain tel que l'avait réformé Numa Pompilius.

14. Ce calendrier aurait marqué assez bien les saisons si les Souverains Pontifes qui en avaient été constitués les instituteurs ne l'eussent pas négligé ; aussi les saisons furent-elles bientôt confondues. Il continua cependant d'être en usage jusqu'au temps de Jules César, qui lui en substitua un autre fondé sur les mouvemens du soleil, sans égard à ceux de la lune.

CHAPITRE IV.

Calendrier de Jules César.

15. César devenu dictateur et souverain Pontife, après la bataille de Pharsale, 45 ans avant J. C., par les soins de Sosigène, célèbre astronome d'Alexandrie, abandonna l'année lunaire, et établit l'année solaire que l'on croyait de son temps, selon les Egyptiens, composée de 365 jours 6 heures. Pour ne pas changer entièrement le calendrier de Numa, Jules César laissa 31 jours aux quatre mois suivans, mars, mai, quintile et octobre ; mais comme l'année qu'il voulait établir surpassait de 10 jours celle qu'avait établie Numa, il ajouta 2 jours à janvier, sextile et décembre, ce qui rendit ces mois de 31 jours, et un jour seulement aux mois d'avril, de quintile, de septembre et de novembre pour les rendre de 30 jours

et achever de distribuer les dix jours d'excès.

16. Et comme en 4 ans, les 6 heures, dont il pensait que l'année solaire surpassait 365 jours, formaient un jour de plus, il ajouta, après ce temps, un jour à l'année, et suivant l'intercallation du mois Mercedonius (n.º 12), il le plaça au 24 février, jour de la fête appelée REFUGERIUM, en mémoire de l'expulsion des Rois, et le fit appeler comme le jour précédent en y ajoutant seulement *bis*, c'est-à-dire *bis sexto Calendas* ; d'où a pris son nom l'année en laquelle se devait faire cette intercallation et qui a été nommée bissextile. Le mois de février resta donc de 28 jours aux années communes, et devint de 29 aux années bissextiles. Et cela afin que les cérémonies des sacrifices infernaux ne fussent pas dérangées ou ne le fussent que le moins possible.

17. Et comme au temps de la réforme de Jules César, le commencement de l'année, par la négligence des Pontifes, se trouvait précéder de 67 jours entiers son véritable lieu, sans y comprendre même le mois Mercedonius déjà intercallé, parce qu'il avait dû avoir lieu en cette année, Sosigène eût soin, après l'intercallation du Mercedonius, de prendre 59 de ces 67 jours pour en faire deux mois que l'on placerait entre novembre et décembre. Par là, le premier jour de l'année suivante fut presque remis dans sa place légitime vers le solstice d'hiver et ne s'en écarta que des 8 jours qu'il fallait laisser s'écouler pour que la nouvelle lune arrivât ; ce fut donc avec le jour où ar-

riva la 1.re nouvelle lune qui suivit le solstice d'hiver, que l'on fit coïncider le 1.er janvier de l'année suivante.

Ainsi l'année de la correction Julienne fut de 15 mois et de 445 jours, aussi l'appella-t-on l'année de confusion.

18. Jules César avait ordonné, par un décret, la réception de son calendrier dans tout l'empire romain, mais il mourut avant d'en avoir vu l'exécution. Marc-Antoine, alors consul à Rome, se chargea de le faire admettre partout. Ce fut lui qui, par reconnaissance pour la réforme de son prédécesseur, ordonna que le mois quintile, celui de la naissance de Jules César, portât son nom et fût dès lors appelé Julius ou *juillet*.

Pus tard, pour honorer la mémoire d'Auguste on donna au mois sextile le nom d'Augustus, *août*.

19. Les Pontifes, auxquels était confiée l'exécution du calendrier dans Rome, crurent que l'intercallation devait être faite la 4.me année en comptant celle où avait été faite l'intercallation précédente, ce qui réduisit à trois ans la période et produisit une erreur de 3 jours en 36 ans, puisqu'ils firent douze bissextes au lieu de neuf qu'il y avait naturellement. Pour remédier à cette erreur, Auguste ordonna que pendant douze années consécutives on ne fît aucune intercallation.

20. Il est à remarquer ici, par rapport aux lettres dominicales, que la méthode ordinaire de les trouver (Comput Eccl., n.os 68, 69, 70, etc.), pourrait induire en erreur s'il s'agissait des 48 an-

nées sur lesquelles l'erreur des Pontifes répandit son influence, puisque cette méthode suppose les règles fixes qui regardent les bissextes. Il faudrait donc pour ces années, c'est-à-dire, depuis l'an 42 avant J. C. jusqu'en l'an 2 de J. C., les deux inclusivement, se servir du tableau suivant :

DU CALENDRIER ROMAIN.

TABLEAU DU CHANGEMENT
QUE PRODUISIT SUR LES LETTRES DOMINICALES L'ERREUR DES PONTIFES ROMAINS.

Ans av. J. C.	45.44.43.42	41.40.39.38	37.36.35.34	33.32.31.30	29.28.27.26
Nomb. du cyc. solaire.	21.22.23.24	25.26.27.28	1. 2. 3. 4	5. 6. 7. 8	9. 10.11.12
Lettr. dom. d'après l'err. des Pont. R.	C. A. G. F. B. 1E.	D. C. B. G. 2A.	F. E. C. B. 3D.	A. F. E. D. G4. 5C.	B. A. G. E. 6F.
d. d'après le cal. Jul.	C. A. G. F. B.	E. C. B. A. D.	G. E. D. C. F.	B. G. F. E. A.	D. B. A. G. C.

Ans av. J. C.	25.24.23.22	21.20.19.18	17.16.15.14	13.12.11.10	9. 8. 7. 6.
Nomb. du cyc. solaire.	13.14.15.16	17.18.19.20	21.22.23.24	25.26.27.28	1. 2. 3. 4.
Lett. dom. d'après l'err. des Pont. R.	D. C. A. G. 7B.	F. D. C. B. E8. 9A.	G. F. E. C. 10D.	B. A. F. E. 11G.	D. B. A. G. C12.
d. d'après le cal. Jul.	F. D. C. B. E.	A. F. E. D. G.	C. A. G. F. B.	E. C. B. A. D.	G. E. D. C. F.

Ans av. J. C.	5. 4. 3. 2.	1.	1. 2. 3. 4.	5. 6. 7. 8	Après J. C.
Nomb. du cyc. solaire.	5. 6. 7. 8.	9.	10.11.12.13	14.15.16.17	
Lett. dom. d'après l'err. des Pont. R.	F. E. D. C. 1.	B. 2.	A. G. F. E. 3.	D. C. B. A. G.	
d. d'après le cal. Jul.	B. G. F. E. A.	D. C.	B. A. G. F. E.	D. C. B. A. G.	

CHAPITRE V.

Explication du Calendrier complet de Jules César.

21. Nous avons rejeté à la fin de cet ouvrage le calendrier de Jules César. Il renferme six colonnes. La 1.re contient les lettres *Nundinales* ; la 2.me marque les jours appelés *Fastes*, *Néfastes* et *Comitiaux*, avec quelques autres circonstances ; la 3.me contient les nombres de Méton ou *Nombres d'or* ; la 4.me est pour les jours de suite marqués en chiffres arabes ; la 5.me partage les mois en Calendes, Nones et Ides, et la 6.me contient les fêtes des Romains et diverses autres choses.

22. Les lettres Nundinales avec lesquelles les lettres Dominicales, dans le calendrier Grégorien, ont un très-grand rapport, marquent les jours que les assemblées appelées *Nundinæ* chez les Romains et qui retournaient de 9 en 9 jours, se devaient tenir. Ainsi quand la lettre Nundinale d'une année était A, par exemple, ces assemblées se tenaient tous les jours qui, dans le calendrier Julien, sont marqués de cette lettre.

23. Les jours où il était permis chez les Romains de rendre la justice, le Préteur prononçait ces trois mots : *Do*, *dico*, *addico* ; c'est-à-dire, je donne, j'ordonne, j'attribue. On appelait *fastos* ou *fastes* les jours *quibus fas esset jure agere*, dans lesquels on pouvait rendre justice, et *nefastos* ou *néfastes*, *quibus nefas esset*, ceux dans lequel on ne

pouvait la rendre. C'est ce que nous apprend Ovide dans ces vers :

> Ille nefastus erit per quem tria verba silentur.
> Fastus erit per quem jure licebit agi.

De plus, les jours dans lesquels le peuple s'assemblait au Champ de Mars pour élire des magistrats ou pour y traiter des affaires les plus importantes de la République, s'appelaient, du nom *Comitia* de ces assemblées, jours comitiaux.

Il y avait aussi des jours déterminés auxquels un prêtre appelé *Rex* ou *Roi* se trouvait dans ces comices.

Enfin il y avait encore un jour de l'année durant lequel on avait coutume de nettoyer le temple de Vesta et d'en transporter le fumier. Durant cette cérémonie il était défendu de plaider.

Dans le calendrier, la lettre N indique les jours néfastes ; la lettre F les jours fastes ; les lettres FP qui signifient *Fastus Primo*, indiquent que, dans la 1.re partie du jour, on peut plaider ; et les lettres NP qui signifient *Nefastus Primò*, qu'on ne le peut dans la première partie du jour ; EN ou *Endotercisus seu intercisus*, entrecoupé, indiquent qu'on le peut en certaines heures et qu'on ne le peut pas en d'autres ; la lettre C marque les jours des assemblées Comitiales ; les lettres Q. REX. C. F. veulent dire *Quandò Rex comitiavit fas*, c'est-à-dire qu'on peut plaider lorsque le sacrificateur, appelé le Roi, a assisté au comice ; Q. S. D. F. ou *Quandò stercus delatum fas*, veulent dire qu'on le peut aussitôt que le fumier a été transporté hors du temple de Vesta.

24. Les nombres d'or indiquent les nouvelles lunes, selon qu'elles arrivaient au temps de Jules César, et de la manière que nous avons marquée dans le Comput Ecclésiastique, aux n.ᵒˢ 32, 33, 34 et suivans.

25. L'énumération des jours en chiffres arabes n'existait pas dans le calendrier de Jules César, puisque chez les Romains on ne se rendait compte du quantième du mois qu'au moyen des Calendes, des Ides et des Nones ; si nous l'avons donc ajoutée ce n'a été que pour rendre plus facile la comparaison de l'une et de l'autre manières de compter.

26. Nous observerons par rapport aux Calendes, aux Nones et aux Ides, que les corrections de Numa et de Jules César n'ont apporté aucun changement à la première disposition de Romulus que nous avons rapportée aux n.ᵒˢ 7, 8, 9 et 10, puisque ces réformateurs eurent soin de n'y rien toucher : seulement le nombre des jours qui se rencontrent entre les Ides et le 1.ᵉʳ du mois suivant a pu changer, mais cela n'influe nullement sur la distribution des Nones et des Ides, et comme ce n'est qu'après que ce nombre de jours est déterminé qu'ils reçoivent des noms, l'on voit que les règles établies n'ont souffert aucune variation.

27. La dernière colonne renferme ce qui concerne la religion des Romains, comme les fêtes,

les sacrifices, les cérémonies, les jours heureux ou malheureux; elle présente aussi leurs jeux, leurs fastes les plus mémorables; elle fait connaître encore diverses choses sur l'agriculture et l'astronomie. Tous ces objets sont d'une utilité infinie pour l'histoire, puisqu'ils nous apprennent à quel point les arts et les sciences étaient parvenus chez le peuple dont les annales sont les plus mémorables et les plus étendues.

CHAPITRE VI.

Peuples qui ont admis le Calendrier de Jules César; Histoire de leur propre Calendrier.

28. Le calendrier Romain fut reçu par tous les peuples qui étaient tributaires de l'empire d'Auguste et entr'autres par les Perses, les Egyptiens et les Chaldéens si versés, dès le principe, dans la science de l'astronomie. Ces derniers, c'est-à-dire les Perses, les Egyptiens et les Chaldéens avaient su donner, dès l'origine des temps, 365 jours à leur année; ils la distribuaient en 12 mois de 30 jours chacun, après lesquels ils ajoutaient 5 jours appelés ἐπαγόμεναι, *épagomenas*. De sorte qu'à raison des 6 heures que l'année solaire a de plus, le *Thot* ou commencement de l'année de ces peuples variait et parcourait tous les jours de l'année pendant tout le cours d'une longue période qu'il est facile de déterminer d'après la valeur donnée à la vraie année moyenne (Comput Eccl.

n.° 11 , note) , égale à 1507 ans , par cette proportion 0 jour 242264 : 1 an :: 565 jours 242264 : x.

Ce ne fut qu'après la défaite de Marc-Antoine par Auguste , à la bataille Actiaque, que ces peuples furent obligés de se conformer à l'année Julienne. En conservant à leurs mois les noms qu'ils portaient auparavant , ils les firent répondre à ceux des Romains ; de sorte que leur Thot, auparavant le commencement de leur année , coïncida désormais avec le 29 du mois d'août.

CALENDRIER

DE LA

RÉPUBLIQUE FRANÇAISE.

1. Le Calendrier de la République Française, sanctionné par un décret de la Convention nationale, rapproche plus qu'aucun autre l'année civile de la vraie année solaire, et suit plus immédiatement les mouvemens astronomiques; mais il laisse beaucoup à désirer sous le rapport de la chronologie. En reconnaissant ses avantages, on sentira aussi ses inconvéniens.

2. Nous commencerons par rapporter le décret de la Convention nationale qui le mit en vigueur; nous exposerons les différentes choses qui entrent dans sa composition; nous parlerons ensuite de la nouvelle ère qu'il établit, et nous donnerons enfin des règles pour rapporter cette ère à l'ère usitée.

CHAPITRE I.er

Décret de la Convention Nationale.

3. Art. I.er L'ère des Français compte de la fondation de la république, qui a eu lieu le 22 septembre 1792 de l'ère vulgaire, jour où le soleil est arrivé à l'équinoxe vrai d'automne en entrant

dans le signe de la balance, à 9 heures 18 minutes 30 secondes du matin, pour l'observatoire de Paris.

II. L'ère vulgaire est abolie pour les usages civils.

4. III. Chaque année commence à minuit avec le jour où tombe l'équinoxe vrai d'automne, pour l'observatoire de Paris.

IV. La première année de la République Française a commencé à minuit le 22 septembre 1792, et a fini à minuit, séparant le 21 du 22 septembre 1793.

V. La seconde année a commencé le 22 septembre 1793 à minuit, l'équinoxe vrai d'automne étant arrivé ce jour-là, pour l'observatoire de Paris, à 3 heures 11 minutes 38 secondes du soir.

VI. Le décret qui fixait le commencement de la seconde année au premier janvier 1793, est rapporté ; tous les actes datés l'an second de la République, passés dans le courant du premier janvier au 21 septembre inclusivement, sont regardés comme appartenant à la première année de la République.

5. VII. L'année est divisée en douze mois égaux, de trente jours chacun : après les douze mois suivent cinq jours pour compléter l'année ordinaire ; ces cinq jours n'appartiennent à aucun mois.

6. VIII. Chaque mois est divisé en trois parties égales, de dix jours chacune, qui sont appelées DÉCADES.

IX. Les noms des jours de la décade sont : *Pri-*

midi, *Duodi*, *Tridi*, *Quartidi*, *Quintidi*, *Sextidi*, *Septidi*, *Octidi*, *Nonidi* et *Decadi*.

Les noms des mois sont : pour l'automne, VENDÉMIAIRE, BRUMAIRE et FRIMAIRE ; pour l'hiver, NIVOSE, PLUVIOSE et VENTOSE ; pour le printemps GERMINAL, FLORÉAL et PRAIRIAL ; pour l'été, MESSIDOR, THERMIDOR et FRUCTIDOR.

Les cinq derniers jours s'appellent les SANS-CULOTIDES.

7. X. L'année ordinaire reçoit un jour de plus selon que la position de l'équinoxe le comporte, afin de maintenir la coïncidence de l'année civile avec les mouvemens célestes. Ce jour, appelé *jour de la révolution*, est placé à la fin de l'année et forme le sixième des Sans-Culotides.

La période de quatre ans, au bout de laquelle cette addition d'un jour est ordinairement nécessaire, est appelée la FRANCIADE, en mémoire de la révolution qui, après quatre ans d'efforts, a conduit la France au gouvernement républicain. La quatrième année de la Franciade est appelée *Sextile*.

8. XI. Le jour, de minuit à minuit, est divisé en dix parties ou heures, chaque partie en dix autres, ainsi de suite jusqu'à la plus petite portion commensurable de la durée. La centième partie de l'heure est appelée minute décimale ; la centième partie de la minute est appelée seconde décimale ; cet article ne sera de rigueur pour les actes publics, qu'à compter du 1.er vendémiaire, l'an 3 de la République.

CHAPITRE II.

EXPLICATION DES DIFFÉRENTES CHOSES QUI ENTRENT DANS LE CALENDRIER DE LA RÉPUBLIQUE FRANÇAISE.

9. Nous parlerons des mois, des jours, des Décades, des Sans-Culotides et des fêtes, dans autant d'articles particuliers.

ARTICLE I.er
Des Mois.

10. Les trois premiers mois de l'année, qui composent l'automne, prennent leur étymologie, le premier, des vendanges qui ont lieu de septembre en octobre, il se nomme VENDÉMIAIRE; le second, des brouillards et des brumes basses qui sont, pour ainsi dire, la transudation de la terre, d'octobre en novembre, ce mois se nomme BRUMAIRE; le troisième, du froid tantôt sec tantôt humide, qui se fait sentir de novembre en décembre; ce mois se nomme FRIMAIRE.

Les trois mois de l'hiver prennent leur étymologie, le premier, de la neige qui blanchit la terre de décembre en janvier, il se nomme NIVOSE; le second, des pluies qui tombent généralement avec plus d'abondance de janvier en février, ce mois se nomme PLUVIOSE; le troisième, des giboulées qui ont lieu et du vent qui vient sécher la terre de février en mars, il se nomme VENTOSE.

Les trois mois du printemps prennent leur étymologie, le premier, de la fermentation et du développement de la sève de mars en avril, son nom est GERMINAL ; le second, de l'épanouissement des fleurs d'avril en mai, il se nomme FLORÉAL ; le troisième, de la fécondité riante et de la récolte des prairies de mai en juin ; ce mois se nomme PRAIRIAL.

Enfin, les trois mois de l'été prennent leur étymologie, le premier, de l'aspect des épis ondoyans et des moissons dorées qui couvrent les champs de juin en juillet, on le nomme MESSIDOR ; le second, de la chaleur tout à la fois solaire et terrestre, qui embrase l'air de juillet en août, ce mois se nomme THERMIDOR ; le troisième, des fruits que le soleil dore et mûrit d'août en septembre, il se nomme FRUCTIDOR.

11. On a cherché même à mettre à profit l'harmonie imitative de la langue dans la composition et la prosodie de ces mots et dans le mécanisme de leur désinence ; de telle manière que les noms des mois qui composent l'automne ont un son grave et une mesure moyenne, ceux de l'hiver un son lourd et une mesure longue, ceux du printemps un son gai et une mesure brève, et ceux de l'été un son sonore et une mesure large.

12. Par la prononciation du nom du mois on a l'avantage de sentir parfaitement trois choses, et tous leurs rapports ; le genre de la saison où l'on se trouve, la température et l'état de la végétation. C'est ainsi que, dès le premier de GERMINAL,

on se peindra sans effort à l'imagination, par la terminaison du mot, que le printemps commence; par sa construction et l'image qu'il présente, que les agens élémentaires travaillent; par sa signification, que les germes se développent.

Article II.

Des Décades.

13. Après la dénomination des mois, on s'est occupé des fractions du mois, et on a vu que les fractions des mois étant périodiques et revenant trois fois par mois et trente-six fois par an, étaient fort bien nommées Décades ou révolutions de dix jours; que ce mot générique convenait à une chose qui, trente-six fois répétées, ne pourrait être représentée à l'oreille par des images locales, sans entraîner de la confusion; que d'ailleurs des décades n'étant que des fractions numériques ne doivent avoir qu'une dénomination commune et numérique dans tout le cours de l'année, et qu'il suffit du nom du mois pour donner, à chaque période de trois décades, la couleur des images et des accidens des mois qui les renferment.

14. Les Décades ont encore un autre avantage sur la semaine; c'est qu'un jour d'une Décade quelconque indique assez bien le quantième du mois, et cela provient surtout de la division décimale. L'on sent cependant combien la division du mois en semaines l'emporte sous beaucoup d'autres rapports.

Article III.

Des Jours.

15. Le calendrier étant une chose à laquelle on a si souvent recours, on a jugé convenable de profiter de la fréquence de cet usage pour glisser parmi le peuple les notions rurales élémentaires, pour lui montrer les richesses de la nature, pour lui faire aimer les champs et lui désigner, avec méthode, l'ordre des influences du ciel et des productions de la terre. En conséquence on a rangé, par ordre, dans la colonne de chaque mois les noms des vrais trésors de l'économie rurale. Les grains, les pâturages, les arbres, les racines, les fleurs, les fruits, les plantes sont disposés dans le calendrier de manière que la place et le quantième que chaque production occupe, est précisément le temps et le jour où la nature nous en fait présent.

16. A chaque *Quintidi*, c'est-à-dire, à chaque demi-Décade, les 5, 15 et 25 de chaque mois, est inscrit un animal domestique, avec le rapport précis entre la date de cette inscription et l'utilité réelle de l'animal inscrit.

17. Chaque *Décadi* est marqué par le nom d'un instrument aratoire, le même dont l'agriculteur se sert au temps précis où il est placé; de sorte que, par opposition, le laboureur, dans le jour de repos, retrouve consacré, dans le calendrier, l'instrument qu'il doit reprendre le lendemain.

18. Ne pouvant trouver sur la terre, durant le mois de Nivose, de production végétale et agricole pour figurer dans ce mois, on y a substitué les productions, les substances du règne animal et minéral immédiatement utile à l'agriculture.

19. Si on a cru avancer les progrès de l'agriculture en fixant à chaque jour des termes ruraux, l'on ne s'est pas aperçu que l'on ne s'attachait qu'à un avantage matériel pour en négliger un bien plus utile à la société, celui qu'apporte avec lui le développement des vertus sociales. Les exemples de douceur, de patience, de grandeur d'âme et d'héroïsme que présente la vie des saints personnages dont les noms sont marqués dans le calendrier Grégorien, sont bien plus capables d'élever l'âme du peuple, que des termes d'agriculture ne le sont de relever son industrie matérielle.

Article IV.

Des Sans-Culotides et des Fêtes.

20. Les cinq derniers jours de l'année, d'abord appelés *Epagomènes* ensuite *Complémentaires*, prirent enfin le nom de Sans-Culotides.

21. On a voulu que le mot *Sans-Culote* vînt de ce que la partie de la Gaule dite Lyonnaise étant appelée la *Gaule culotée*, *Gallia Braccata*, le reste des Gaules jusqu'aux bords du Rhin, était la Gaule non culotée.

22. Les cinq jours des *Sans-Culotides* composant

DE LA RÉPUBLIQUE FRANÇAISE. 135

une *demi-Décade* sont nommés *Primidi*, *Duodi*, *Tridi*, *Quartidi*, *Quintidi*; et dans l'année bissextile le sixième jour *Sextidi*. Le lendemain l'année recommence par Primidi, premier de VENDÉMIAIRE.

23. Les Sans-Culotides étaient fêtées ; le *Primidi*, sous le nom de la *Fête de la vertu*; il était consacré aux grandes, aux belles, aux bonnes actions individuelles : on les préconisait publiquement et avec une pompe nationale. Le *Duodi*, sous le nom de la *Fête du génie*, tout ce qui tient à l'invention et aux opérations créatrices de l'esprit humain, était préconisé publiquement et avec une pompe nationale, en ce jour consacré à l'intelligence. Le *Tridi*, sous le nom de la *Fête du travail*; il était consacré à l'industrie et à l'activité laborieuse. En ce jour tout ce qui avait été fait de bon et de grand dans les opérations manuelles ou mécaniques, et dont la société pouvait tirer de l'avantage, était publié avec une pompe nationale. Le *Quartidi*, sous le nom de la *Fête de l'opinion*. En ce jour il était libre à chacun de traiter les magistrats par le sarcasme ou le ridicule comme il les en jugeait dignes. Le *Quintidi*, sous le nom de la *Fête des récompenses*; il était consacré à la cérémonie du témoignage public et de la gratitude nationale envers ceux qui, dans les jours précédens, auraient été préconisés et auraient mérité les bienfaits de la nation. La distribution des prix était faite publiquement et avec une pompe nationale, sans autre distinction entre les préconisés que celle de

la chose même, et du prix plus ou moins grand qu'elle avait mérité.

24. Au terme de l'année bissextile, le *Sextidi* est consacré par la célébration de jeux nationaux. Cette époque d'un jour est, par excellence, nommée la *Sans-Culotide*, parce qu'on y renouvelle le serment de vivre et de mourir libres en *braves Sans-Culotes*. En ce jour les belles actions sont proclamées et préconisées d'une manière digne de la patrie qui les honore.

25. Tous les jours de *Décade* étaient fêtés par toute la nation, comme le dimanche l'est encore aujourd'hui.

CHAPITRE III.

ERE DE LA RÉPUBLIQUE ; MOYEN D'Y RAMENER L'ÈRE VULGAIRE ET RÉCIPROQUEMENT.

26. Rien de plus propre à mettre de la confusion dans l'histoire, que l'ère de la république. La place des années bissextiles n'étant pas déterminée, il devient très-difficile de compter le nombre de ces années écoulées, et, par conséquent, de faire concorder une date historique avec l'ère républicaine.

27. Pour ramener l'ère vulgaire à l'ère de la république, et réciproquement, il faut, 1.° partir du principe admis par la Convention nationale, n.° 3, et qui fait dater l'ère de la République Française du 22 septembre 1792 : 2.° savoir à quel jour d'un mois ancien répond le premier du premier mois nouveau.

C'est ce que l'on ne peut déterminer précisément que par des tables calculées d'après des observations astronomiques comme celle que nous joignons ici :

ÉQUINOXE VRAI D'AUTOMNE.

VIEUX STYLE.			NOUVEAU STYLE.		
Année.	Septembre.	Heur. min. sec.	Année.	Premier Vendem.re	Heur. min. sec. décim.
1792	22 matin.	9.18.30.	1	matin.	3.87.85.
1793	22 soir.	15.11.38.	2	soir.	6.33.08.
1794	22 soir.	21. 1.31.	3	soir.	8.76.05.
1795	23 matin.	2.44.49.	4	matin.	1.14.45.
1796	22 matin.	8.41.48.	5	matin.	3.62.36.
1797	22 soir.	14.27.12.	6	soir.	6.02.22.
1798	22 soir.	20. 5.43.	7	soir.	8.37.30.
1799	23 matin.	1.58.15.	8	matin.	0.82.12.
1800	23 matin.	7.40.41.	9	matin.	3.19.92.
1801	23 soir.	13.26. 0.	10	soir.	5.59.72.
1802	23 soir.	19.17.29	11	soir.	8.03.80.
1803	24 matin.	0.59. 2.	12	matin.	0.40.99.
1804	23 matin.	6.58. 8.	13	matin.	2.90.37.
1805	23 soir.	12.46.57.	14	soir.	
1806	23 soir.		15	soir.	

3.° connaître enfin quelle est la différence des bissextes écoulés pendant le temps contenu entre la date donnée et le commencement de l'ère républicaine, d'après les calculs et les observations astronomiques, avec les bissextes que donnent les règles établies dans l'ancien style, c'est-à-dire, celui qui regarde l'ère vulgaire. C'est encore ce qu'une table seule peut donner facilement

DIFFÉRENCE DES NOMBRES DE BISSEXTILES.							
ORDRE DES ANNÉES BISSEXTILES. Vieux style.				ORDRE DES AN. SEXTILES ET DES FRANCIADES. Nou st.			
Ann. civ.	sa longitude	Ann. bissex.	Excédent de l'ann. solaire sur l'année civile.	Ann. civile	sa longitude	Ann. sextil. Franciade.	Excédent de l'ann. sol. sur l'an. civ. (1)
1792	366	B	0 j. 9 h. 18 m. 30 s.	1	365	} I	15 h. 11 m. 38 s.
1793	365		15 11 38	2	365		21 1 31
1794	365		21 1 31	3	366 S		2 44 49
1795	365		1 2 44 49	4	365		8 41 48
1796	366	B	8 41 48	5	365	} II	14 27 12
1797	365		14 27 12	6	365		20 5 43
1798	365		20 5 43	7	366 S		1 58 15
1799	365		1 1 58 15	8	365		7 40 41
1800	365		1 7 40 41	9	365	} III	13 26 00
1801	365		1 13 26 00	10	365		19 17 29
1802	365		1 19 17 29	11	366 S		0 59 2
1803	365		2 0 59 2	12	365		6 58 8
1804	366	B	1 6 58 8	13	365	} IV	12 46 57
1805	365		1 12 46 57	14	365		
1806	365			15	366 S		

(1) Comme l'année de la République se termine au jour où se rencontre l'équinoxe exclusivement, il est clair que la 1.re année écoulée a laissé un excédent de 15 heures 11 minutes 38 secondes de l'année solaire sur l'année civile, tandis que l'année Grégorienne se terminant au 31 décembre, l'excédent n'est pas encore arrivé à ce point, et on continue de le considérer comme auparavant de 9 heures 18 minutes 30 secondes.

On trouvera dans les tables astronomiques la suite du premier tableau, dont on a formé le précédent ; pour ceux qui ne pourraient se procurer les ouvrages où se trouvent ces tables, ils pourront y suppléer par les règles que nous allons donner : retranchez 1792 ans 9 mois 22 jours de la date proposée, si elle est postérieure ; retranchez cette date elle-même de ce nombre si elle est antérieure ; multipliez le reste par 0 jour 2422338, excédant de l'année solaire astronomique fixée par la Convention nationale sur 365 jours, année commune ; le nombre de jours que donnera le produit sera le nombre de franciades écoulées depuis l'ère de la république. Cherchant ensuite, d'après le calendrier Grégorien, le nombre de bissextes pour le même temps, on n'aura plus qu'à prendre la différence de ces deux résultats.

Mais si on voulait former un tableau qui indiquât de suite en quelles années se rencontrent ces franciades, on suivrait les règles suivantes :

Nous observerons d'abord pour la commodité des calculs que $5^h 48' 49'' = 20929''$, $9^h 0' = 813' 33510''$, $1^j = 86400''$, nombres que nous considérerons comme abstraits.

1.° Comme en la 1.re année de la république on devance l'équinoxe de 33510, avant de faire une franciade il faut laisser s'écouler encore $86400 - 33510$ ou 52890. Mais en omettant 20929 pendant 3 ans, on omet plus d'un jour, puisque $20929 \times 3 = 62787$ plus fort que 52890 de 9897 ;

il faut donc faire une franciade en cette 3.me année, ou en 1794.

2.º En faisant une franciade tous les 4 ans, on épuise 2684 : puisque 20929×4 n'est surpassé par 86400 que de 2684. Pour épuiser 9897, il faudra donc 3 franciades ordinaires, et il restera encore 1845, puisque 3×2684+1845=9897; et comme 1845 est plus faible que 2684, ce ne sera qu'en la 5.me année d'après, c'est-à-dire en 1811, que devra se faire la franciade suivante, après laquelle on aura épuisé 5×20929=104645, au lieu de 86400−1845=84555; il se forme par là un excès de 104645−84555=20090.

3.º Avant que cet excès soit épuisé, il y aura à faire 7 franciades ordinaires, car 2684 est contenu 7 fois dans 20090, et comme le reste 7×2684−20090=1302 est plus faible que 2684, la 8.me franciade est renvoyée en la 5.me année, c'est-à-dire en 1844.

4.º Et comme dans l'espace de 33 ans, il s'est ainsi épuisé 1845−1302 ou 543, il s'ensuit que 1845 seront épuisés en 3 fois 33 ans; en effet, 1845 contient 3 fois 543, et il reste encore 316. De sorte que, pendant 3 fois, on peut faire la franciade extraordinaire après 33 ans en la 5.me année, c'est-à-dire en 1844, 1877 et 1910.

On pourrait suivre le même raisonnement et arriver ainsi à une grande période qui ramènerait les mêmes opérations dans le même ordre.

Les années dans lesquelles ont lieu les franciades sont donc :

Ère vulg. 1794, 1798, 1802, 1806, 1811, 1815, 1819.
Ère rép.   3,   7,   11,   15,   20,   24,   28.

Ère vulg. 1823, 1827, 1831, 1835, 1839, 1844.
Ère rép.   32,   36,   40,   44,   48,   53.

Ère vulg. 1848, 1852, 1856, 1860, 1864, 1868, 1872.
Ère rép.   57,   61,   65,   69,   73,   77,   81.

Ère vulg. 1877, 1881, 1885, 1889, 1893, 1897, 1901.
Ère rép.   86,   90,   94,   98, 102, 106, 110.

Ère vulg. 1905, 1910, 1914, 1918, 1922, etc.
Ère rép. 114, 119, 123, 127, 131, etc.

28. Cela posé : d'abord pour rapporter une année quelconque de l'ère vulgaire à l'ère de la république, il suffit de retrancher l'année proposée de 1792, si elle lui est antérieure, le reste indiquera les années qui ont précédé l'ère de la république, et d'en retrancher 1791, si elle est postérieure, le reste indiquera l'an de la république.

29. Si l'on donnait une année de la république à rapporter à l'ère vulgaire, il suffirait de l'ajouter à 1791; et si c'était une année qui eût précédé l'ère de la république, il faudrait la retrancher de 1792.

30. Pour rapporter un jour d'une année proposée de l'ère vulgaire à l'ère de la république, il faudrait d'abord examiner à quel jour de septembre correspond le 1.er jour du 1.er mois de l'année correspondante suivant l'ère vulgaire, ce que

l'on ne peut guère déterminer qu'à l'aide de la première table ; compter ensuite naturellement, et d'après le calendrier de l'ère vulgaire, le nombre de jours écoulés depuis le jour correspondant au $1.^{er}$ jour du $1.^{er}$ mois de l'ère de la république, inclusivement jusqu'au jour donné aussi inclusivement ; diviser la somme par 30, le quotient donnera le nombre de mois écoulés selon le style républicain, et le reste le quantième du mois suivant.

31. Mais il faut observer que, si le jour de l'année proposée selon le style vulgaire est antérieur au jour correspondant au $1.^{er}$ jour du $1.^{er}$ mois dans le style républicain, il faudra prendre l'année qui précède celle que l'on aura primitivement trouvé d'après la méthode du numéro 28.

32. Si l'on demandait de traduire en style vulgaire une date nouvelle, l'on chercherait, comme nous l'avons dit dans le numéro 30, à quel jour correspond, dans le style vulgaire, le $1.^{er}$ du $1.^{er}$ mois de l'année proposée selon le style nouveau ; l'on compterait ensuite le nombre de jours écoulés suivant ce même style depuis le $1.^{er}$ vendémiaire jusqu'au jour proposé, les deux inclusivement, et l'on reporterait ces jours à partir du jour correspondant dans le style vulgaire au $1.^{er}$ vendémiaire inclusivement, et cela d'après le calendrier de ce style. L'on arriverait ainsi à la date cherchée.

33. Pour trouver l'âge de la lune en connaissant le quantième selon le nouveau style et l'âge

de la lune au 1.ᵉʳ vendémiaire, il faut ajouter le quantième donné à l'épacte avec autant de demi-jours qu'il s'est écoulé de mois, retranchant de la somme les lunaisons qui s'y trouvent, à raison de 29 jours et demi chacune.

FIN.

COMPUT ECCLÉSIASTIQUE.   PLANCHE I.re

CALENDRIER DE LA PRIMITIVE ÉGLISE.

Jours du mois	Janvier Nomb. d'or.	lett. dom.	Février Nomb. d'or.	lett. dom.	Mars Nomb. d'or.	lett. dom.	Avril Nomb. d'or.	lett. dom.	Mai Nomb. d'or.	lett. dom.	Juin Nomb. d'or.	lett. dom.	Juillet Nomb. d'or.	lett. dom.	Août Nomb. d'or.	lett. dom.	Septemb. Nomb. d'or.	lett. dom.	Octobre Nomb. d'or.	lett. dom.	Novemb. Nomb. d'or.	lett. dom.	Décemb. Nomb. d'or.	lett. dom.	Jours du mois
1	III	A		D	III	D		G	XI	B		E	XIX	G	VIII	C	XVI	F	XVI	A		D	XIII	F	1
2		B	XI	E		E	XI	A		C	XIX	F	VIII	A		D	V	G	IV	B	XIII	E	II	G	2
3	XI	C	XIX	F	XI	F		B	XIX	D	VIII	G	XVI	B	XVI	E		A	XIII	C	II	F	X	A	3
4		D	VIII	G		G	XIX	C	VIII	E		A		C		F	XIII	B	III	D		G		B	4
5	XIX	E		A	XIX	A	VIII	D		F	XVI	B	V	D	XIII	G	II	C		E	X	A	XVIII	C	5
6	VIII	F	XVI	B	VIII	B	XVI	E	XVI	G	V	C		E	II	A		D	X	F		B	VII	D	6
7		G	V	C		C	V	F	V	A		D	XIII	F		B	X	E		G	XVIII	C		E	7
8	XVI	A		D	XVI	D		G		B	XIII	E	II	G	X	C		F	XVIII	A	VII	D	XV	F	8
9	V	B	XIII	E	V	E	XIII	A	XIII	C	II	F		A		D	XVIII	G	VII	B		E	XV	G	9
10		C	II	F		F	II	B	II	D		G	X	B	XVIII	E	VII	A		C	XV	F	IV	A	10
11	XIII	D		G	XIII	G		C		E	X	A		C	VII	F		B	XV	D	IV	G		B	11
12	II	E	X	A	II	A	X	D	X	F		B	XVIII	D		G	XV	C	IV	E		A	XII	C	12
13		F		B		B		E		G	XVIII	C	VII	E	XV	A	IV	D		F	XII	B	I	D	13
14	X	G	XVIII	C	X	C	XVIII	F	XVIII	A	VII	D		F	IV	B		E	XII	G	I	C		E	14
15		A	VII	D		D	VII	G	VII	B		E	XV	G		C	XII	F	I	A		D	IX	F	15
16	XVIII	B		E	XVIII	E		A		C	XV	F	IV	A	XII	D	I	G		B	IX	E		G	16
17	VII	C	XV	F	VII	F	XV	B	XV	D	IV	G		B	I	E		A	IX	C		F	XVII	A	17
18		D	IV	G		G	IV	C	IV	E		A	XII	C		F	IX	B		D	XVII	G	VI	B	18
19	XV	E		A	XV	A		D		F	XII	B	I	D	IX	G		C	XVII	E	VI	A		C	19
20	IV	F	XII	B	IV	B	XII	E	XII	G	I	C		E		A	XVII	D	VI	F		B	XIV	D	20
21		G	I	C		C	I	F	I	A		D	IX	F	XVII	B	VI	E		G	XIV	C	III	E	21
22	XII	A		D	XII	D		G		B	IX	E		G	VI	C		F	XIV	A	III	D		F	22
23	I	B	IX	E	I	E	IX	A	IX	C		F	XVII	A		D	XIV	G	III	B		E	XI	G	23
24		C		F		F		B		D	XVII	G	VI	B	XIV	E	III	A		C	XI	F	XIX	A	24
25	IX	D	XVII	G	IX	G	XVII	C	XVII	E	VI	A		C	III	F		B	XI	D	XIX	G		B	25
26		E	VI	A		A	VI	D	VI	F		B	XIV	D		G	XI	C	XIX	E		A	VIII	C	26
27	XVII	F		B	XVII	B		E		G	XIV	C	III	E	XI	A	XIX	D		F	VIII	B		D	27
28	VI	G	XIV	C	VI	C	XIV	F	XIV	A	III	D		F	XIX	B		E	VIII	G		C	XVI	E	28
29		A				D	III	G	III	B		E	XI	G		C	VIII	F		A	XVI	D	V	F	29
30	XIV	B			XIV	E		A		C	XI	F	XIX	A	VIII	D		G	XVI	B	V	E		G	30
31	III	C			III	F			XI	D			VIII	B		E			V	C			XIII	A	31

COMPUT ECCLÉSIASTIQUE.   PLANCHE II.ᵐᵉ

TABLE ÉTENDUE DES ÉPACTES DES NOUVELLES LUNES.

NOMBRES D'OR.

		III	IV	V	VI	VII	VIII	IX	X	XI	XII	XIII	XIV	XV	XVI	XVII	XVIII	XIX	I	II
		ÉPACTES.

		III	IV	V	VI	VII	VIII	IX	X	XI	XII	XIII	XIV	XV	XVI	XVII	XVIII	XIX	I	II
Lettres indices des 30 suites ou cycles des épactes.	P	★	XI	XXII	III	XIV	XXV	VI	XVII	XXVIII	IX	XX	I	XII	XXIII	IV	XV	XXVI	VIII	XIX
	N	XXIX	X	XXI	II	XIII	XXIV	V	XVI	XXVII	VIII	XIX	★	XI	XXII	III	XIV	25	VII	XVIII
	M	XXVIII	IX	XX	I	XII	XXIII	IV	XV	XXVI	VII	XVIII	XXIX	X	XXI	II	XIII	XXIV	VI	XVII
	H	XXVII	VIII	XIX	★	XI	XXII	III	XIV	XXV	VI	XVII	XXVIII	IX	XX	I	XII	XXIII	V	XVI
	G	XXVI	VII	XVIII	XXIX	X	XXI	II	XIII	XXIV	V	XVI	XXVII	VIII	XIX	★	XI	XXII	IV	XV
	F	XXV	VI	XVII	XXVIII	IX	XX	I	XII	XXIII	IV	XV	XXVI	VII	XVIII	XXIX	X	XXI	III	XIV
	E	XXIV	V	XVI	XXVII	VIII	XIX	★	XI	XXII	III	XIV	25	VI	XVII	XXVIII	IX	XX	II	XIII
	D	XXIII	IV	XV	XXVI	VII	XVIII	XXIX	X	XXI	II	XIII	XXIV	V	XVI	XXVII	VIII	XIX	I	XII
	C	XXII	III	XIV	XXV	VI	XVII	XXVIII	IX	XX	I	XII	XXIII	IV	XV	XXVI	VII	XVIII	★	XI
	B	XXI	II	XIII	XXIV	V	XVI	XXVII	VIII	XIX	★	XI	XXII	III	XIV	25	VI	XVII	XXIX	X
	A	XX	I	XII	XXIII	IV	XV	XXVI	VII	XVIII	XXIX	X	XXI	II	XIII	XXIV	V	XVI	XXVII	IX
	u	XIX	★	XI	XXII	III	XIV	XXV	VI	XVII	XXVIII	IX	XX	I	XII	XXIII	IV	XV	XXVII	VIII
	t	XVIII	XXIX	X	XXI	II	XIII	XXIV	V	XVI	XXVII	VIII	XIX	★	XI	XXII	III	XIV	XXVI	VII
	s	XVII	XXVIII	IX	XX	I	XII	XXIII	IV	XV	XXVI	VII	XVIII	XXIX	X	XXI	II	XIII	25	VI
	r	XVI	XXVII	VIII	XIX	★	XI	XXII	III	XIV	25	VI	XVII	XXVIII	IX	XX	I	XII	XXIV	V
	q	XV	XXVI	VII	XVIII	XXIX	X	XXI	II	XIII	XXIV	V	XVI	XXVII	VIII	XIX	★	XI	XXIII	IV
	p	XIV	XXV	VI	XVII	XXVIII	IX	XX	I	XII	XXIII	IV	XV	XXVI	VII	XVIII	XXIX	X	XXII	III
	n	XIII	XXIV	V	XVI	XXVII	VIII	XIX	★	XI	XXII	III	XIV	25	VI	XVII	XXVIII	IX	XXI	II
	m	XII	XXIII	IV	XV	XXVI	VII	XVIII	XXIX	X	XXI	II	XIII	XXIV	V	XVI	XXVII	VIII	XX	I
	l	XI	XXII	III	XIV	XXV	VI	XVII	XXVIII	IX	XX	I	XII	XXIII	IV	XV	XXVI	VII	XIX	★
	k	X	XXI	II	XIII	XXIV	V	XVI	XXVII	VIII	XIX	★	XI	XXII	III	XIV	XXV	VI	XVIII	XXIX
	i	IX	XX	I	XII	XXIII	IV	XV	XXVI	VII	XVIII	XXIX	X	XXI	II	XIII	XXIV	V	XVII	XXVIII
	h	VIII	XIX	★	XI	XXII	III	XIV	XXV	VI	XVII	XXVIII	IX	XX	I	XII	XXIII	IV	XVI	XXVII
	g	VII	XVIII	XXIX	X	XXI	II	XIII	XXIV	V	XVI	XXVII	VIII	XIX	★	XI	XXII	III	XV	25
	f	VI	XVII	XXVIII	IX	XX	I	XII	XXIII	IV	XV	XXVI	VII	XVIII	XXIX	X	XXI	II	XIV	25
	e	V	XVI	XXVII	VIII	XIX	★	XI	XXII	III	XIV	25	VI	XVII	XXVIII	IX	XX	I	XIII	XXIV
	d	IV	XV	XXVI	VII	XVIII	XXIX	X	XXI	II	XIII	XXIV	V	XVI	XXVII	VIII	XIX	★	XII	XXIII
	c	III	XIV	XXV	VI	XVII	XXVIII	IX	XX	I	XII	XXIII	IV	XV	XXVI	VII	XVIII	XXIX	XI	XXII
	b	II	XIII	XXIV	V	XVI	XXVII	VIII	XIX	★	XI	XXII	III	XIV	25	VI	XVII	XXVIII	X	XXI
	a	I	XII	XXIII	IV	XV	XXVI	VII	XVIII	XXIX	X	XXI	II	XIII	XXIV	V	XVI	XXVII	IX	XX

COMPUT ECCLÉSIASTIQUE.   PLANCHE III.me

CALENDRIER GRÉGORIEN.

Jours du mois.	JANVIER.			FÉVRIER.			MARS.			AVRIL.			MAI.			JUIN.			Jours du mois.
	Calendes Nones, Ides.	Lett. Dom.	Épactes.	Calendes Nones, Ides.	Lett. Dom.	Épactes.	Calendes Nones, Ides.	Lett. Dom.	Épactes.	Calendes Nones, Ides.	Lett. Dom.	Épactes.	Calendes Nones, Ides.	Lett. Dom.	Épactes.	Calendes Nones, Ides.	Lett. Dom.	Épactes.	
1	Cal.	A	*	Cal.	D	xxix	Cal.	D	*	Cal.	G	xxix	Cal.	B	xxviii	Cal.	E	xxvii	1
2	iv	B	xxix	iv	E	xxviii	vi	E	xxix	iv	A	xxviii	vi	C	xxvii	iv	F	25. xxvi	2
3	iii	C	xxviii	iii	F	xxvii	v	F	xxviii	iii	B	xxvii	v	D	xxvi	iii	G	xxv. xxiv	3
4	Prid.	D	xxvii	Prid.	G	25. xxvi	iv	G	xxvii	Prid.	C	25. xxvi	iv	E	25. xxv	Prid.	A	xxiii	4
5	Non.	E	xxvi	Non.	A	xxv. xxiv	iii	A	xxvi	Non.	D	xxv. xxiv	iii	F	xxiv	Non.	B	xxii	5
6	viii	F	25. xxv	viii	B	xxiii	Prid.	B	25. xxv	viii	E	xxiii	Prid.	G	xxiii	viii	C	xxi	6
7	vii	G	xxiv	vii	C	xxii	Non.	C	xxiv	vii	F	xxii	Non.	A	xxii	vii	D	xx	7
8	vi	A	xxiii	vi	D	xxi	viii	D	xxiii	vi	G	xxi	viii	B	xxi	vi	E	xix	8
9	v	B	xxii	v	E	xx	vii	E	xxii	v	A	xx	vii	C	xx	v	F	xviii	9
10	iv	C	xxi	iv	F	xix	vi	F	xxi	iv	B	xix	vi	D	xix	iv	G	xvii	10
11	iii	D	xx	iii	G	xviii	v	G	xx	iii	C	xviii	v	E	xviii	iii	A	xvi	11
12	Prid.	E	xix	Prid.	A	xvii	iv	A	xix	Prid.	D	xvii	iv	F	xvii	Prid.	B	xv	12
13	Idib.	F	xviii	Idib.	B	xvi	iii	B	xviii	Idib.	E	xvi	iii	G	xvi	Idib.	C	xiv	13
14	xix	G	xvii	xvi	C	xv	Prid.	C	xvii	xviii	F	xv	Prid.	A	xv	xviii	D	xiii	14
15	xviii	A	xvi	xv	D	xiv	Idib.	D	xvi	xvii	G	xiv	Idib.	B	xiv	xvii	E	xii	15
16	xvii	B	xv	xiv	E	xiii	xvii	E	xv	xvi	A	xiii	xvii	C	xiii	xvi	F	xi	16
17	xvi	C	xiv	xiii	F	xii	xvi	F	xiv	xv	B	xii	xvi	D	xii	xv	G	x	17
18	xv	D	xiii	xii	G	xi	xv	G	xiii	xiv	C	xi	xv	E	xi	xiv	A	ix	18
19	xiv	E	xii	xi	A	x	xiv	A	xii	xiii	D	x	xiv	F	x	xiii	B	viii	19
20	xiii	F	xi	x	B	ix	xiii	B	xi	xii	E	ix	xiii	G	ix	xii	C	vii	20
21	xii	G	x	ix	C	viii	xii	C	x	xi	F	viii	xii	A	viii	xi	D	vi	21
22	xi	A	ix	viii	D	vii	xi	D	ix	x	G	vii	xi	B	vii	x	E	v	22
23	x	B	viii	vii	E	vi	x	E	viii	ix	A	vi	x	C	vi	ix	F	iv	23
24	ix	C	vii	vi	F	v	ix	F	vii	viii	B	v	ix	D	v	viii	G	iii	24
25	viii	D	vi	v	G	iv	viii	G	vi	vii	C	iv	viii	E	iv	vii	A	ii	25
26	vii	E	v	iv	A	iii	vii	A	v	vi	D	iii	vii	F	iii	vi	B	i	26
27	vi	F	iv	iii	B	ii	vi	B	iv	v	E	ii	vi	G	ii	v	C	xxix	27
28	v	G	iii	Prid.	C	i	v	C	iii	iv	F	i	v	A	i	iv	D	xxviii	28
29	iv	A	ii				iv	D	ii	iii	G	*	iv	B	*	iii	E	xxvii	29
30	iii	B	i				iii	E	i	Prid.	A	xxix	iii	C	xxix	Prid.	F	xxvii	30
31	Prid.	C	*				Prid.	F	*				Prid.	D	xxviii				31

Aux Années bissextiles, au 24, on dit bis VI. e Calendas.

Aux Années bissextiles on répète la lettre F au 25, le 24 à G, ainsi de suite.

CALENDRIER GRÉGORIEN.

Jours du mois.	JUILLET.			AOUT.			SEPTEMBRE.			OCTOBRE.			NOVEMBRE.			DÉCEMBRE.			Jours du mois.
	Calendes Nones, Ides.	Lett. Dom.	Épactes.	Calendes Nones, Ides.	Lett. Dom.	Épactes.	Calendes Nones, Ides.	Lett. Dom.	Épactes.	Calendes Nones, Ides.	Lett. Dom.	Épactes.	Calendes Nones, Ides.	Lett. Dom.	Épactes.	Calendes Nones, Ides.	Lett. Dom.	Épactes.	
1	Cal.	G	xxvi	Cal.	C	xxv. xxiv	Cal.	F	xxiii	Cal.	A	xxii	Cal.	D	xxi	Cal.	F	xx	1
2	vi	A	25. xxv	iv	D	xxiii	iv	G	xxii	vi	B	xxi	iv	E	xx	iv	G	xix	2
3	v	B	xxiv	iii	E	xxii	iii	A	xxi	v	C	xx	iii	F	xix	iii	A	xviii	3
4	iv	C	xxiii	Prid.	F	xxi	Prid.	B	xx	iv	D	xix	Prid.	G	xviii	Prid.	B	xvii	4
5	iii	D	xxii	Non.	G	xx	Non.	C	xix	iii	E	xviii	Non.	A	xvii	Non.	C	xvi	5
6	Prid.	E	xxi	viii	A	xix	viii	D	xviii	Prid.	F	xvii	viii	B	xvi	viii	D	xv	6
7	Non.	F	xx	vii	B	xviii	vii	E	xvii	Non.	G	xvi	vii	C	xv	vii	E	xiv	7
8	viii	G	xix	vi	C	xvii	vi	F	xvi	viii	A	xv	vi	D	xiv	vi	F	xiii	8
9	vii	A	xviii	v	D	xvi	v	G	xv	vii	B	xiv	v	E	xiii	v	G	xii	9
10	vi	B	xvii	iv	E	xv	iv	A	xiv	vi	C	xiii	iv	F	xii	iv	A	xi	10
11	v	C	xvi	iii	F	xiv	iii	B	xiii	v	D	xii	iii	G	xi	iii	B	x	11
12	iv	D	xv	Prid.	G	xiii	Prid.	C	xii	iv	E	xi	Prid.	A	x	Prid.	C	ix	12
13	iii	E	xiv	Idib.	A	xii	Idib.	D	xi	iii	F	x	Idib.	B	ix	Idib.	D	viii	13
14	Prid.	F	xiii	xix	B	xi	xviii	E	x	Prid.	G	ix	xviii	C	viii	xix	E	vii	14
15	Idib.	G	xii	xviii	C	x	xvii	F	ix	Idib.	A	viii	xvii	D	vii	xviii	F	vi	15
16	xvii	A	xi	xvii	D	ix	xvi	G	viii	xvii	B	vii	xvi	E	vi	xvii	G	v	16
17	xvi	B	x	xvi	E	viii	xv	A	vii	xvi	C	vi	xv	F	v	xvi	A	iv	17
18	xv	C	ix	xv	F	vii	xiv	B	vi	xv	D	v	xiv	G	iv	xv	B	iii	18
19	xiv	D	viii	xiv	G	vi	xiii	C	v	xiv	E	iv	xiii	A	iii	xiv	C	ii	19
20	xiii	E	vii	xiii	A	v	xii	D	iv	xiii	F	iii	xii	B	ii	xiii	D	★	20
21	xii	F	vi	xii	B	iv	xi	E	iii	xii	G	ii	xi	C	i	xii	E	★	21
22	xi	G	v	xi	C	iii	x	F	ii	xi	A	i	x	D	★	xi	F	xxix	22
23	x	A	iv	x	D	ii	ix	G	i	x	B	★	ix	E	xxix	x	G	xxviii	23
24	ix	B	iii	ix	E	i	viii	A	★	ix	C	xxix	viii	F	xxviii	ix	A	xxvii	24
25	viii	C	ii	viii	F	★	vii	B	xxix	viii	D	xxviii	vii	G	xxvii	viii	B	xxvi	25
26	vii	D	i	vii	G	xxix	vi	C	xxviii	vii	E	xxvii	vi	A	25. xxvi	vii	C	25. xxv	26
27	vi	E	★	vi	A	xxviii	v	D	xxvii	vi	F	xxvi	v	B	xxv. xxiv	vi	D	xxiv	27
28	v	F	xxix	v	B	xxvii	iv	E	25. xxvi	v	G	25. xxv	iv	C	xxiii	v	E	xxiii	28
29	iv	G	xxviii	iv	C	xxvi	iii	F	xxv. xxiv	iv	A	xxiv	iii	D	xxii	iv	F	xxii	29
30	iii	A	xxvii	iii	D	25. xxv	Prid.	G	xxiii	iii	B	xxiii	Prid.	E	xxi	iii	G	xxi	30
31	Prid.	B	25. xxvi	Prid.	E	xxiv				Prid.	C	xxii				Prid.	A	19. xx	31

COMPUT ECCLÉSIASTIQUE.   PL. IV.ᵐᵉ

TABLE PASCALE PERPÉTUELLE.

Nombres d'or.	Épactes.	Lettres Dominicales.	14.ᵉˢ jours du 1.ᵉʳ mois lunaire.	Nombres d'or.	Épactes.	Lettres Dominicales.	14.ᵉˢ jours du 1.ᵉʳ mois lunaire.
XVI	XXIII				V	G	8 Avril.
V	XXII	D	22 Mars.	XVII	IV	A	9
	XXI	E	23	VI	III	B	10
XIII	XX	F	24		II	C	11
II	XIX	G	25	XIV	I	D	12
	XVIII	A	26	III	✶	E	13
X	XVII	B	27		XXIX	F	14
	XVI	C	28	XI	XXVIII	G	15
XVIII	XV	D	29		XXVII	A	16
VII	XIV	E	30	XIX	25. XXVI	B	17
	XIII	F	31	VIII	XXV. XXIV	C	18
XV	XII	G	1 Avril.			D	19
IV	XI	A	2			E	20
	X	B	3			F	21
XII	IX	C	4			G	22
I	VIII	D	5			A	23
	VII	E	6			B	24
IX	VI	F	7			C	25

COMPUT ECCLÉSIASTIQUE.   PLANCHE V.me

TABLE PERPÉTUELLE DES FÊTES MOBILES.

Lett. Dom.	CYCLES DES ÉPACTES.	Dimanches entre l'Épiphanie et la Septuagésime.	Septuagésime.	Jour des Cendres.	PAQUES.	Ascension.	Pentecôte.	FÊTE de DIEU.	Dimanches entre la Pentecôte et l'Avent.	Premier Dimanche de l'Avent.
D	XXIII. XXII. XXI. XX. XIX. XVIII. XVII. XVI. XV. XIV. XIII. XII. XI. X. IX. VIII. VII. VI. V. IV. III. II. I. *. XXIX. XXVIII. XXVII. XXVI. 25. XXV. XXIV.	1 2 3 4 5	18 Janv. 25 1 Fév. 8 15	4 Fév. 11 18 25 4 Mars.	22 Mars. 29 5 Avril. 12 19	30 Avril. 7 Mai. 14 21 28	10 Mai. 17 24 31 7 Juin.	21 Mai. 28 4 Juin. 11 18	28 27 26 25 24	29 Nov. 29 29 29 29
E	XXIII. XXII. XXI. XX. XIX. XVIII. XVII. XVI. XV. XIV. XIII. XII. XI. X. IX. VIII. VII. VI. V. IV. III. II. I. *. XXIX. XXVIII. XXVII. XXVI. 25. XXV. XXIV.	1 2 3 4 5	19 Janv. 26 2 Fév. 9 16	5 Fév. 12 19 26 5 Mars.	23 Mars. 30 6 Avril. 13 20	1 Mai. 8 15 22 29	11 Mai. 18 25 1 Juin. 8	22 Mai. 29 5 Juin. 12 19	28 27 26 25 24	30 Nov. 30 30 30 30
F	XXIII. XXII. XXI. XX. XIX. XVIII. XVII. XVI. XV. XIV. XIII. XII. XI. X. IX. VIII. VII. VI. V. IV. III. II. I. * XXIX. XXVIII. XXVII. XXVI. 25. XXV. XXIV.	1 2 3 4 5	20 Janv. 27 3 Fév. 10 17	6 Fév. 13 20 27 6 Mars.	24 Mars. 31 7 Avril. 14 21	2 Mai. 9 16 23 30	12 Mai. 19 26 2 Juin. 9	23 Mai. 30 6 Juin. 13 20	28 27 26 25 24	1 Déc. 1 1 1 1
G	XXIII. XXII. XXI. XX. XIX. XVIII. XVII. XVI. XV. XIV. XIII. XII. XI. X. IX. VIII. VII. VI. V. IV. III. II. I. *. XXIX. XXVIII. XXVII. XXVI. 25. XXV. XXIV.	2 3 4 5 6	21 Janv. 28 4 Fév. 11 18	7 Fév. 14 21 28 ou 29 7 Mars.	25 Mars. 1 Avril. 8 15 22	3 Mai. 10 17 24 31	13 Mai. 20 27 3 Juin. 10	24 Mai. 31 7 Juin. 14 21	28 27 26 25 24	2 Déc. 2 2 2 2
A	XXIII. XXII. XXI. XX. XIX. XVIII. XVII. XVI. XV. XIV. XIII. XII. XI. X. IX. VIII. VII. VI. V. IV. III. II. I. *. XXIX. XXVIII. XXVII. XXVI. 25. XXV. XXIV.	2 3 4 5 6	22 Janv. 29 5 Fév. 12 19	8 Fév. 15 22 1 Mars. 8	26 Mars. 2 Avril. 9 16 23	4 Mai. 11 18 25 1 Juin.	14 Mai. 21 28 4 Juin. 11	25 Mai. 1 Juin. 8 15 22	28 27 26 25 24	3 Déc. 3 3 3 3
B	XXIII. XXII. XXI. XX. XIX. XVIII. XVII. XVI. XV. XIV. XIII. XII. XI. X. IX. VIII. VII. VI. V. IV. III. II. I. *. XXIX. XXVIII. XXVII. XXVI. 25. XXV. XXIV.	2 3 4 5 6	23 Janv. 30 6 Fév. 13 20	9 Fév. 16 23 2 Mars. 9	27 Mars. 3 Avril. 10 17 24	5 Mai. 12 19 26 2 Juin.	15 Mai. 22 29 5 Juin. 12	26 Mai. 2 Juin. 9 16 23	27 26 25 24 23	27 Nov. 27 27 27 27
C	XXIII. XXII. XXI. XX. XIX. XVIII. XVII. XVI. XV. XIV. XIII. XII. XI. X. IX. VIII. VII. VI. V. IV. III. II. I. *. XXIX. XXVIII. XXVII. XXVI. 25. XXV. XXIV.	2 3 4 5 6	24 Janv. 31 7 Fév. 14 21	10 Fév. 17 24 3 Mars 10	28 Mars. 4 Avril. 11 18 25	6 Mai. 13 20 27 3 Juin.	16 Mai. 23 30 6 Juin. 13	27 Mai. 3 Juin. 10 17 24	27 26 25 24 23	28 Nov. 28 28 28 28

COMPUT ECCLÉSIASTIQUE.   PL. VI.me

TABLE TEMPORELLE DES FÊTES MOBILES.

Années de notre Seigneur	Nombre d'or	Épactes	Indiction	Lettres dominicales du nouveau style.	Dimanches après l'Épiphanie.	Septua-gésime.	Jour des Cendres	Pâques d'après le nouv. style.	Ascen-sion.	Pente-côte.	Fête de Dieu.	Dimanches après Pentecôte.	1.er Dimanche de l'Avent.	Lettres dominicales de l'ancien style.	Pâques d'après l'ancien style.	Jours de différence entre Pâques d'après l'ancien style, et Pâques d'après le nouveau style.
1830	VII	VI	3	C	4	7 Fév.	24 fév.	11 avril	20 mai.	30 mai.	10 juin.	25	28 nov.	E	6 av.	7
1831	VIII	XVII	4	B	3	30 janv.	16 fév.	3 avril	12 mai.	22 mai.	2 juin.	26	27 nov.	D	19 av.	28
1832	IX	XXVIII	5	A G	6	19 fév.	7 mars	22 avril	31 mai.	10 juin.	21 juin.	24	2 déc.	C B	10 av.	0
1833	X	IX	6	F	3	3 fév.	20 fév.	7 avril	16 mai.	26 mai.	6 juin.	26	1 déc.	A	2 av.	7
1834	XI	XX	7	E	2	26 janv.	12 fév.	30 mars	8 mai.	18 mai.	29 mai.	27	30 nov.	G	22 av.	35
1835	XII	I	8	D	5	15 fév.	4 mars	19 avril	28 mai.	7 juin.	18 juin.	24	29 nov.	F	7 av.	0
1836	XIII	XII	9	C B	3	31 janv.	17 fév.	3 avril	12 mai.	22 mai.	2 juin.	26	27 nov.	E D	29 mars	7
1837	XIV	XXIII	10	A	2	22 janv.	8 fév.	26 mars	4 mai.	14 mai.	25 mai.	28	3 déc.	C	18 av.	35
1838	XV	IV	11	G	5	11 fév.	28 fév.	15 avril	24 mai.	3 juin.	14 juin.	25	2 déc.	B	3 av.	0
1839	XVI	XV	12	F	2	27 janv.	13 fév.	31 mars	9 mai.	19 mai.	30 mai.	27	1 déc.	A	26 mars	7
1840	XVII	XXVI	13	E D	5	16 fév.	4 mars	19 avril	28 mai.	7 juin.	18 juin.	24	29 nov.	G F	14 av.	7
1841	XVIII	VII	14	C	4	7 fév.	24 fév.	11 avril	20 mai.	30 mai.	10 juin.	25	28 nov.	E	30 mars	0
1842	XIX	XVIII	15	B	2	23 janv.	9 fév.	27 mars	5 mai.	15 mai.	26 mai.	27	27 nov.	D	19 av.	35
1843	I	★	1	A	5	12 fév.	1 mars	16 avril	25 mai.	4 juin.	15 juin.	25	3 déc.	C	11 av.	7
1844	II	XI	2	G F	4	4 fév.	21 fév.	7 avril	16 mai.	26 mai.	6 juin.	26	1 déc.	B A	26 mars	0
1845	III	XXII	3	E	1	19 janv.	5 fév.	23 mars	1 mai.	11 mai.	22 mai.	28	30 nov.	G	15 av.	35
1846	IV	III	4	D	5	8 fév.	25 fév.	12 avril	21 mai.	31 mai.	11 juin.	25	29 nov.	F	7 av.	7
1847	V	XIV	5	C	3	31 janv.	17 fév.	4 avril	13 mai.	23 mai.	3 juin.	26	28 nov.	E	23 mars	0
1848	VI	XXV	6	B A	6	20 fév.	8 mars	23 avril	1 juin.	11 juin.	22 juin.	24	3 déc.	D C	11 av.	0
1849	VII	VI	7	G	4	4 fév.	21 fév.	8 avril	17 mai.	27 mai.	7 juin.	26	2 déc.	B	3 av.	7
1850	VIII	XVII	8	F	2	27 janv.	13 fév.	31 mars	9 mai.	19 mai.	30 mai.	27	1 déc.	A	23 av.	35
1851	IX	XXVIII	9	E	5	16 fév.	5 mars	20 avril	29 mai.	8 juin.	19 juin.	24	30 nov.	G	8 av.	0
1852	X	IX	10	D C	4	8 fév.	25 fév.	11 avril	20 mai.	30 mai.	10 juin.	25	28 nov.	F E	30 mars	0
1853	XI	XX	11	B	2	23 janv.	9 fév.	27 mars	5 mai.	15 mai.	26 mai.	27	27 nov.	D	19 av.	35
1854	XII	I	12	A	5	12 fév.	1 mars	16 avril	25 mai.	4 juin.	15 juin.	25	3 déc.	C	11 av.	7
1855	XIII	XII	13	G	4	4 fév.	21 fév.	8 avril	17 mai.	27 mai.	7 juin.	26	2 déc.	B	27 mars	0
1856	XIV	XXIII	14	F E	1	20 janv.	6 fév.	23 mars	1 mai.	11 mai.	22 mai.	28	30 nov.	A G	15 av.	35
1857	XV	IV	15	D	4	8 fév.	25 fév.	12 avril	21 mai.	31 mai.	11 juin.	25	29 nov.	F	7 av.	7
1858	XVI	XV	1	C	3	31 janv.	17 fév.	4 avril	13 mai.	23 mai.	3 juin.	26	28 nov.	E	23 mars	0
1859	XVII	XXVI	2	B	6	20 fév.	9 mars	24 avril	2 juin.	12 juin.	23 juin.	23	27 nov.	D	12 av.	0
1860	XVIII	VII	3	A G	5	5 fév.	22 fév.	8 avril	17 mai.	27 mai.	7 juin.	26	2 déc.	C B	3 av.	7
1861	XIX	XVIII	4	F	2	27 janv.	13 fév.	31 mars	9 mai.	19 mai.	30 mai.	27	1 déc.	A	23 av.	35
1862	I	★	5	E	5	16 fév.	5 mars	20 avril	29 mai.	8 juin.	19 juin.	24	30 nov.	G	8 av.	0
1863	II	XI	6	D	3	1 fév.	18 fév.	5 avril	14 mai.	24 mai.	4 juin.	26	29 nov.	F	31 mars	7

COMPUT ECCLÉSIASTIQUE. Pl. VII.me

Calendrier des Fêtes Immobiles.

Jours.	Lett. Dom.	JANVIER.	Jours.	Lett. Dom.	FÉVRIER.	Jours.	Lett. Dom.	MARS.	Jours.	Lett. Dom.	AVRIL.	Jours.	Lett. Dom.	MAI.	Jours.	Lett. Dom.	JUIN.
1	A	La Circoncision.	1	D	S. Ignace, E. M.	4	G	S. Casimir, C.	2	A	S. François de Paule, C.	1	B	S. Jacques et S. Philippe, Ap.	2	F	S. Marcelin, S. Pierre, M., etc.
3	C	Ste-Geneviève.	2	E	La Purification.	7	C	S. Thomas d'Aquin.				2	C	S. Athanase, E. C.	6	C	S. Norbert, E. C.
6	F	Les Rois.	3	F	S. Blaise, E. M.	9	E	S.te Françoise, veuve romaine.	11	C	S. Léon, P. C.	3	D	Invention S.te Croix.	9	F	SS. Prime et Félicien, MM.
11	D	S. Hygin, P. M.	5	A	S.te Agathe, V. M.				14	F	SS. Tiburce, Valerien et Maxime, MM.						
14	G	S. Hilaire, E. C.	6	B	S.te Dorothée, V. M.	10	F	Les 40 Martyrs.				4	E	S.te Monique.	11	A	S. Barnabé, Ap.
15	A	S. Paul I., Ermit.	7	C	S. Romuald, A.	12	A	S. Grégoire, P. C.	17	B	S. Anicèle, P. M.	6	G	S. Jean devant la Porte-Latine.	12	B	S. Basilide, Cyrin, etc., MM.
16	B	S. Marcel, P. M.	9	E	S.te Apollonie, V. M.	17	F	S. Patrice, E. C.									
17	C	S. Antoine, A.	14	C	S. Valentin, M.	19	A	S. Joseph, époux de la S.te Vierge.	22	G	SS. Sotèr et Cajus, PP. MM.	7	A	S. Stanislas, E. C.	13	C	S. Antoine de Pade, C.
18	D	La Chaire S. Pierre.	15	D	SS. Faustin et Jovite, MM.	20	B	S. Joachim.	23	A	S. Georges, M.	8	B	Apparition de S. Michel.	14	D	S. Basile, E. C.
19	E	SS. Marius, Mart. et leurs Comp., M.	18	G	S. Siméon, E. M.	21	C	S. Benoît, A.	25	C	S. Marc, Évang.				15	E	SS. Vit, Modeste, etc., MM.
20	F	S. Fabien et S. Sébastien, MM.	22	D	Chaire de S. Pierre à Antioche.	25	G	L'Annonciation.	26	D	SS. Clet et Marcelin, PP. MM.	9	C	S. Grégoire de Nazianze, E. C.			
21	G	S.te Agnès, V. M.	23	E	Vigile.				28	F	S. Vital, M.	10	D	SS. Gordien et Épimaque, MM.	18	A	S. Marc et S. Marcellin, MM.
22	A	S. Vincent.	24	F	S. Mathias, Ap.				29	G	S. Pierre, M.						
23	B	S.te Émerentienne.							30	A	S.te Catherine de Sienne, V.	12	F	SS. Nérée, Achillée, etc., MM.	19	B	S. Gervais et S. Protais, MM.
24	C	S. Timothée.										14	A	S. Boniface, M.	20	C	S. Silvère, P. M.
25	D	Conversion S. Paul.										16	C	S. Ubald, E. C.	22	E	S. Paulin, E. C.
26	E	S. Polycarpe, E. M.										19	F	S.te Prudentiène, V	23	F	Vigile.
27	F	S. Chrysostôme, E. C.										25	E	S. Urbain, P. M.	24	G	S. Jean-Baptiste.
28	G	S. Agnès, 2.me										26	F	S. Eleuthère, P. M.			
30	B	S.te Martine.										27	G	S. Jean, P. M.	26	B	S. Jean, S. Paul, M.
31	C	S. Pierre de Nole, C.										30	C	S. Félix, P. M.	28	D	S. Léon, P. C.
												31	D	S.te Pétronille, V.	29	E	S. Pierre et S. Paul.
															30	F	Commémoraison de S. Paul.

Calendrier des Fêtes Immobiles.

Jours.	Lett. Dom.	JUILLET.	Jours.	Lett. Dom.	AOUT.	Jours.	Lett. Dom.	SEPTEMBRE.	Jours.	Lett. Dom.	OCTOBRE.	Jours.	Lett. Dom.	NOVEMBRE.	Jours.	Lett. Dom.	DÉCEMBRE.
2	A	La Visitation.	1	C	S. Pierre aux liens.	1	F	S. Gilles, A.	1	A	S. Rémi, E. C.	1	D	La Toussaints.	2	G	S.te Bibiane, V. M.
10	B	Les 7 Frères, MM.	2	D	S. Etienne, P. M.	8	F	La Nativité.	4	D	S. François, C.	2	E	Les Trépassés.	4	B	S.te Barbe, V. M.
11	C	S. Pie, P. M.	4	F	S. Dominique, C.	9	G	S. Gorgon, M.	5	E	S. Placide, M.	4	G	S. Vital et S. Agricole, MM. S. Charles, E. C.	5	C	S. Sabba, A.
12	D	S. Nabor et S. Félix, MM.	5	G	S.te Marie aux neiges.	10	A	S. Nicolas de Tolentin, C.	6	F	S. Bruno, C.				6	D	S. Nicolas, E. C.
			6	A	La Transfiguration.	11	B	S. Prote et S. Hyacinthe, MM.	7	G	S. Marc, P. C.				7	E	S. Ambroise, E. C.
13	E	S. Anaclet, P. M.	7	B	S. Donat, E. M.				8	A	S.te Brigide, veuve.	8	D	Les 4 Couron.ts, MM.	8	F	La Conception.
14	F	S. Bonaventure, E. C. D.	8	C	S. Cyriace, S. Large, etc. MM.	14	E	Exaltation de la Croix.	9	B	S. Denys, M.	9	E	La Dédicace de la Basilique de N.S.	10	A	S. Melchiade, P. M.
17	B	S. Romain. Vigile.	9	D					14	G	S. Calixte, P. M.	10	F	SS. Triphon, etc. MM.	11	B	S. Damase, P. C.
18	C	S.te Symphorose, avec ses 7 fils, MM.	10	E	S. Laurent, M.	15	F	S. Nicomède, M.	15	A	S.te Thérèse.				13	D	S.te Luce, V. M.
			11	F	S.te Tiburce et S.te Susanne, MM.	16	G	S. Cornélie et S. Cyprien, P. M.	18	D	S. Luc, évang.	11	G	S. Martin, E. C.	16	G	S. Eusèbe, E. M.
20	E	S.te Marguerite, v. m	12	G	S.te Claire, V.	19	C	S. Janvier, E. M.	21	G	S. Hilarion, A.	12	A	S. Martin, P. M.	21	E	S. Thomas, Ap.
21	F	S.te Praxède, V.	13	A	S. Hippolyte et S. Cassien, MM.	20	D	S. Eustache, M.	25	G	S. Chrysante et S. Darie.	17	F	S. Grégoire Thaumaturge, E. C.	24	A	Vigile.
22	G	S.te Marie-Magdelaine.				21	E	S. Mathieu, Ap.	26	E	S. Evariste, P. M.	18	G	Dédicace de la Basilique de S. P. et S. P.	25	B	La Nativité de N. S.
23	A	S. Apollinaire, E. C.	14	B	L'Assomption.	22	F	S. Maurice, M.	27	F	Vigile.				26	C	S.t Etienne, premier M.
24	B	S.te Christine, V. M. Vigile.	15	C		23	G	S. Lin, P. M.	28	G	S. Simon et S. Jude, Ap.	19	A	S. Pontien, P. M.	27	D	S.t Jean, Apôtre, Évang.
25	C	S. Jacques, Ap.	16	D	S. Hyacinthe, C.	24	A	Notre-Dame de la Merci.	31	C	Vigile.	21	C	La Présentation.			
26	D	S.te Anne.	18	F	S. Agapit, M.							22	D	S.te Cécile, V. M.	28	E	Les Innocens.
27	E	S. Pantaléon, M.	20	A	S. Bernard, A.	26	C	S. Cyprien et S.te Justine.				23	E	S. Clément, P. M.	29	F	S.t Thomas, Ev. de Cantorbéry.
28	F	SS. Nazare, Celse et Victor, pape.	22	C	S. Timothée, S. Hippolyte, etc. MM.	27	D	S. Cosme et S. Damien, MM.						S.te Félicité, M.			
29	G	S.te Marthe, V.	23	D	Vigile.	29	F	S. Michel.				24	F	S. Chrysogone, M.	31	A	S. Sylvestre, P. C.
30	A	S. Abdon et Sennen, MM.	24	E	S. Barthélemi, Ap	30	G	S. Jérôme, C.				25	G	S.te Catherine, V. M.			
31	B	S. Ignace, C.	25	F	S. Louis, C.							26	A	S. Pierre Alexandrin, E. M.			
			26	G	S. Zéphirin, P. M.							29	D	S. Saturnin, M. Vigile.			
			28	B	S. Augustin, E. C.							30	E	S. André, Ap.			
			29	C	Décollation S. Jean-Baptiste.												
			30	D	S. Félix, M., S.te Rose, V.												
			31	E	S. Raymond, C.												

HISTOIRE DU CAL. ROM.   PL. I.re

Jours du mois.	CALENDRIER DE ROMULUS. 1 Mars. 3 Mai. 5 Quintile. 8 Octobre.	2 Avril. 4 juin. 6 Sextile. 7 Septembre. 9 Novembre. 10 Décembre.	Jours du mois.	CALENDRIER DE NUMA. 1 Janvier. 4 Avril. 6 Juin. 8 Sextile. 9 Septembre. 11 Novembre. 12 Décembre.	2 Février.	3 Mars. 5 Mai. 7 Quintile. 10 Octobre.
1	Kalendis.	Kalendis.	1	Kalendis.	Kalendis.	Kalendis.
2	VI	IV	2	IV	IV	VI
3	V	III	3	III	III	V
4	IV	Pridiè.	4	Pridiè.	Pridiè.	IV
5	III	Nonis.	5	Nonis.	Nonis.	III
6	Pridiè.	VIII	6	VIII	VIII	Pridiè.
7	Nonis.	VII	7	VII	VII	Nonis.
8	VIII	VI	8	VI	VI	VIII
9	VII	V	9	V	V	VII
10	VI	IV	10	IV	IV	VI
11	V	III	11	III	III	V
12	IV	Pridiè.	12	Pridiè.	Pridiè.	IV
13	III	Idibus.	13	Idibus.	Idibus.	III
14	Pridiè.	XVIII	14	XVII	XVI	Pridiè.
15	Idibus.	XVII	15	XVI	XV	Idibus.
16	XVII	XVI	16	XV	XIV	XVII
17	XVI	XV	17	XIV	XIII	XVI
18	XV	XIV	18	XIII	XII	XV
19	XIV	XIII	19	XII	XI	XIV
20	XIII	XII	20	XI	X	XIII
21	XII	XI	21	X	IX	XII
22	XI	X	22	IX	VIII	XI
23	X	IX	23	VIII	VII	X
24	IX	VIII	24	VII	VI	IX
25	VIII	VII	25	VI	V	VIII
26	VII	VI	26	V	IV	VII
27	VI	V	27	IV	III	VI
28	V	IV	28	III	Pridiè.	V
29	IV	III	29	Pridiè.		IV
30	III	Pridiè.	30			III
31	Pridiè.		31			Pridiè.

CALENDRIER DE JULES CÉSAR.

JANVIER. Sous la protection de la déesse JUNON.

Lettres Nundinales.	Jours.	Nombres d'or.			
A	F	1	1	Kalen.	Sacr. à Janus, à Junon, à Jupiter et à Esculape.
B	F		2	IV	Jour malheureux. DIES ATER.
C	C	IX	3	III	Coucher de l'Écrevisse.
D	C		4	Prid.	
E	F	XVIII	5	Non.	Lever de la Lyre. Coucher au soir de l'Aigle.
F	F	VI	6	VIII	
G	C		7	VII	
H	C	XIV	8	VI	Sacrifice à Janus.
A		III	9	V	LES AGONALES.
B	EN		10	IV	Milieu de l'Hiver.
C	NP	XI	11	III	LES CARMANTALES.
D	C		12	Prid.	Les Compitales.
E	NP	XIX	13	Id.	Les Trompettes font des Purifications par la ville en habits de femmes.
F	EN	VIII	14	XIX	JOURS VITIEUX PAR ORDONNANCE DU SÉNAT.
G			15	XVIII	A CARMENTA, *Porrima* et *Postuerta*.
H	C	XVI	16	XVII	A la Concorde. Commencement du coucher au matin du Lion.
A	C	V	17	XVI	Le soleil dans le *Verseau*.
B	C		18	XV	
C	C	XIII	19	XIV	
D	C	II	20	XIII	
E	C		21	XII	
F	C	X	22	XI	
G	C		23	X	Coucher de la Lyre.
H	C	XVIII	24	IX	Les Fêtes Sementines ou des Semailles.
A	C	VII	25	VIII	
B	C		26	VII	
C	C	XV	27	VI	A Castor et Pollux.
D	C	IV	28	V	
E	F		29	IV	Les Équiries au champ de Mars. Les Pacales.
F	F	XII	30	III	Coucher de la Fidicule.
G	F	I	31	Prid.	Aux Dieux Pénates.

CALENDRIER DE JULES CÉSAR.

FÉVRIER. Sous la protection de Neptune.

Lettres Nundinales.	Jours.	Nombres d'or.			
H	N	ix	1	Kalem.	A Junon Sospita, à Jupiter, à Hercule, à Diane. Les Lucaries.
A	N		2	iv	
B	N	xvii	3	iii	Coucher de la Lyre et du milieu du Lion.
C	N	vi	4	Prid.	Coucher du Dauphin.
D			5	Non.	Lever du Verseau.
E	N	xiv	6	viii	
F	N	iii	7	vii	
G	N		8	vi	
H	N	xi	9	v	Commencement du Printemps.
A	N		10	iv	
B	N	xix	11	iii	Jeux Genialiques. Lever de l'Arcture.
C	N	viii	12	Prid.	
D	NP		13	Id.	A Faune et à Jupiter. Défaite et mort des Fabiens.
E	C	xvi	14	xvi	Lever du Corbeau, de la Coupe et du Serpent.
F	NP	v	15	xv	Les Lupercales.
G	END		16	xiv	Le Soleil au signe des *Poissons*.
H	NP	xiii	17	xiii	Les Quirinales.
A	C	ii	18	xii	Les Fornacales. Les Férales aux Dieux Manes.
B	C		19	xi	
C	C	x	20	x	
D	F		21	ix	A la Déesse Muta ou Larunda. Les Férales.
E	C	xviii	22	viii	Les Caristies.
F	NP	vii	23	vii	Les Terminales.
G	N		24	vi	Le Regifuge. Lieu du Bissexte.
H	C	xv	25	v	Lever au soir de l'Arcture.
A	EN	iv	26	iv	
B	NP		27	iii	Les Équiries au champ de Mars.
C	C	xii	28	Prid.	Les Tarquins vaincus.

CALENDRIER DE JULES CÉSAR.

MARS. Sous la protection de la déesse Minerve.

Lettres Nundinales.	Jours.	Nombres d'or.			
D	NP	1	1	Kalen.	Les Matronales. A Mars. Fête des Anciles.
E	F		2	vi	A Junon Lucina.
F	C	ix	3	v	Coucher du second des Poissons.
G	C		4	iv	
H	C	xviii	5	iii	Coucher de l'Arcture. Lever du Vendangeur. Lever de l'Écrévisse.
A	NP	vi	6	Prid.	Les Vestaliennes. En ce jour Jules César fut créé grand pontife.
B	F		7	Non.	A Ve-Jupiter au bois de l'Asile. Lever de Pégase.
C	F	xiv	8	viii	Lever de la Couronne.
D	C	iii	9	vii	Lever de l'Orion. Lever du Poisson Septentrional.
E	C		10	vi	
F	C	xi	11	v	
G	C		12	iv	
H	EN	xix	13	iii	Ouverture de la Mer.
A	NP	viii	14	Prid.	Les Équiries secondés sur le Tybre.
B	NP		15	Id.	A Anna Perenna. Le Parricide. Coucher du Scorpion,
C	C	xvi	16	xvii	
D	NP	v	17	xvi	Les Libérales ou les Bacchanales. Les Agones. Coucher du Milan.
E	C		18	xv	Le Soleil au signe du *Bélier*.
F	N	xiii	19	xiv	Les Quinquatres de Minerve pendant cinq jours.
G	C	ii	20	xiii	
H	C		21	xii	Premier jour du siècle. Coucher au matin du Cheval.
A	N	x	22	xi	
B	NP		23	x	Le Tubilustre.
C	QR	xviii	24	ix	
D	C	vii	25	viii	Les Hilaries à la mère des Dieux. Equinoxe du Printemps.
E	C		26	vii	
F	NP	xv	27	vi	En ce jour César se rendit maître d'Alexandrie.
G	C	iv	28	v	Les Mégalésiens.
H	C		29	iv	
A	C	xii	30	iii	A Janus. A la Concorde. Au Salut. A la Paix.
B	C	i	31	Prid.	A la Lune ou à la Diane sur l'Aventin.

CALENDRIER DE JULES CÉSAR.

AVRIL. Sous la protection de la déesse VÉNUS.

Lettres Nundinales	Jours	Nombres d'or			
C	N	IX	1	Kalen.	A Vénus avec des fleurs et du Myrthe. A la fortune Virile.
D	C		2	IV	Coucher des Pléiades.
E	C	XVII	3	III	
F	C	VI	4	Prid.	JEUX MÉGASIENS A LA MÈRE DES DIEUX, pendant 8 jours.
G			5	Non.	
H	NP	XIV	6	VIII	A la Fortune publique primigénie.
A	N	III	7	VII	Naissance d'Apollon et de Diane.
B	N		8	VI	Jeux pour la victoire de César. Coucher de la Balance. Coucher d'Orion.
C	N	XI	9	V	
D	N		10	IV	Les Céréales. LES JEUX CIRCENSES.
E	N	XIX	11	III	
F	N	VIII	12	Prid.	La Mère des Dieux amenée à Rome. JEUX EN L'HONNEUR DE CÉRÈS, pendant 8 jours.
G	NP		13	Id.	A Jupiter vainqueur et à la Liberté.
H	N	XVI	14	XVIII	
A	NP	V	15	XVII	LES FORTICIDES ou FORTICALES.
B	N		16	XVI	Auguste salué Empereur. Coucher des Hyades.
C	N	XIII	17	XV	
D	N	II	18	XIV	LES ÉQUIRIES AU GRAND CIRQUE. Brûlement des Renards.
E	N		19	XIII	Les Céréales. Le Soleil au siège du *Taureau*.
F	N	X	20	XII	
G	NP		21	XI	Les Paliliennes ou PARILIENNES. Naissance de Rome.
H	N	XVIII	22	X	Les secondes Agoniennes ou Agonales.
A	NP	VII	23	IX	Les premières VINALIENNES à Jupiter et à Vénus.
B	C		24	VIII	
C	NP	XV	25	VII	LES ROBIGALES. Coucher du Bélier. Milieu du Printemps.
D	F	IV	26	VI	Lever du Chien. Lever des Chevreaux.
E	C		27	V	Les Féries Latines au Mont-Sacré.
F	NP		28	IV	LES FLORALES pendant 6 jours. Lever au matin de la Chèvre.
G	C	XII	29	III	Coucher au soir du Chien.
H	F	I	30	Prid.	A Vesta Palatine. Les premières Larentales.

CALENDRIER DE JULES CÉSAR.

MAI. Sous la protection d'APOLLON.

Lettres Nundinales.	Jours.	Nombres d'or.			
A	N	ix	1	Kalen.	A la bonne Déesse. Aux Lares Prestites. Jeux floraux pendant 3 jours.
B	F		2	vi	Les Compitales.
C	C	xvii	3	v	Lever du Centaure et des Hyades.
D	C	vi	4	iv	
E	G		5	iii	Lever de la Lyre.
F	C	xiv	6	Prid.	Coucher du milieu du Scorpion.
G	N	iii	7	Non.	Lever au matin des Virgilies.
H	F		8	viii	Lever de la Chevrette.
A	N	xi	9	vii	LES LÉMURIENNES de nuit, pendant 3 jours. Les Luminaires.
B	C		10	vi	
C	N	xix	11	v	Coucher d'Orion. Jour malheureux pour se marier.
D	NP	viii	12	iv	A MARS LE VENGEUR AU CIRQUE.
E	N		13	iii	LES LÉMURIENNES. Lever des Pléiades. Commencement de l'été.
F	C	xvi	14	Prid.	A Mercure. Lever du Taureau.
G	NP	v	15	Id.	A Jupiter! Fête des Marchands. Naissance de Mercure. Lever de la Lyre.
H	F		16	xvii	
A	C	xiii	17	xvi	
B	C	ii	18	xv	
C	C		19	xiv	Le Soleil dans les *Gémeaux*.
D	C	x	20	xiii	
E	NP		21	xii	LES AGONALES ou Agoniennes de Janus.
F	N	xviii	22	xi	A Vé-Jupiter. Lever du Chien.
G	NP	vii	23	x	Les Fériés de Vulcain. LES TUBILUSTRES.
H	Q·REX C.F		24	ix	
A	C	xv	25	viii	A la Fortune publique. Lever de l'Aigle.
B	C	iv	26	vii	Le second Régifuge. Coucher de l'Arcture.
C	C		27	vi	Lever des Hyades.
D	C	xii	28	v	
E	C	i	29	iv	
F	C		30	iii	
G	C	ix	31	Prid.	

CALENDRIER DE JULES CÉSAR.

JUIN. Sous la protection de Mercure.

Lettres Nundinales.	Jours.	Nombres d'or.			
H	N	xvii	1	Kalen.	A Junon. A la Monnoie. A Tempesta. A Fabaria. Lever de l'Aigle.
A	F	vi	2	iv	A Mars, à la déesse Carna. Lever des Hyades.
B	C		3	iii	A Bellone.
C	C	xvi	4	Prid.	A Hercule au Cirque.
D	N	iii	5	Non.	A la Foi. A Jupiter Sponsor, ou au Dieu Fidius, Saint, Semipater.
E	N		6	viii	A Vesta.
F	N	xi	7	vii	Les jours Piscatoriens au champ de Mars. Lever de l'Arcture.
G			8	vi	A L'ENTENDEMENT AU CAPITOLE.
H	N	xix	9	v	LES VESTALIENNES. Autel de Jupiter Pistor. Couronnement des Anes.
A	N	viii	10	iv	LES MATRALIENNES de la Fortune forte. Lever au soir du Dauphin.
B	N		11	iii	A la Concorde. A la Mère Matuta.
C	N	xvi	12	Prid.	
D	N	v	13	Id.	A Jupiter Invictus. Le petit Quinquatus. Commencement de la chaleur.
E	N		14	xviii	
F	Q. ST D.F	xiii	15	xvii	TRANSPORT DU FUMIER DU TEMPLE DE VESTA. Lever des Hyades.
G	C	ii	16	xvi	Lever d'Orion.
H	C		17	xv	Lever du Dauphin entier.
A	C	x	18	xiv	
B	C		19	xiii	A Minerve au Mont-Aventin. Le Soleil au signe de l'*Ecrévisse*.
C	C	xviii	20	xii	A Summanus. Lever du Serpentaire.
D	C	vii	21	xi	
E	C		22	x	
F	C	xv	23	ix	
G	C	iv	24	viii	A la Fortune forte. Solstice d'été.
H	C		25	vii	
A	C	xii	26	vi	Lever de la Ceinture d'Orion.
B	C	i	27	v	A Jupiter Stator et au Lar.
C	C		28	iv	
D	F	ix	29	iii	A Quirinus au Mont-Quirinal.
E	F		30	Prid.	A Hercule et aux Muses. Les Poplifuges.

CALENDRIER DE JULES CÉSAR.

QUINTILE ou JUILLET. Sous la protection de JUPITER.

Lettres Nundinales.	Jours.	Nombres d'or.			
F	N	xvii	1	Kalen.	Passage d'une Maison en d'autres.
G	N	vi	2	vi	
H	N		3	v	
A	NP	xiv	4	iv	Coucher au matin de la Couronne. Lever des Hyades.
B	N	iii	5	iii	LE POPLIFUGE.
C	N		6	Prid.	JEUX APOLLINAIRES pendant 8 jours. A la Fortune Féminine.
D	N	xi	7	Non.	Les Nones Caprotites. La Fête des Servantes. Disparition de Romule.
E	N		8	viii	La Vitulation. Coucher du milieu du Capricorne.
F	EN	xix	9	vii	Lever au soir de Céphée.
G	C	viii	10	vi	Les vents Éthésiens commencent à souffler.
H	C		11	v	
A	NP	xvi	12	iv	NAISSANCE DE JULES CÉSAR.
B	C	v	13	iii	
C	C		14	Prid.	A la Fortune Féminine. LE MERKATUS ou les Mercuriales pendant 6 jours.
D	NP	xiii	15	Id.	A Castor et Pollux.
E	F	ii	16	xvii	Lever de l'Avant-Chien.
F	C		17	xvi	Jour funeste de la Bataille d'Allia.
G	C	x	18	xv	
H	NP		19	xiv	Les Lucariens. Jeux pendant 4 jours.
A		xviii	20	xiii	Jeux pour la VICTOIRE DE CÉSAR. Le Soleil au signe du Lion.
B	C	vii	21	xii	LES LUCARIENNES.
C	C		22	xi	
D		xv	23	x	JEUX DE NEPTUNE.
E	N	iv	24	ix	
F	NP		25	viii	LES FURINALES. Jeux Circenses pendant 6 jours. Coucher du Verseau.
G	C	xii	26	vii	Lever de la Canicule.
H	C	i	27	vi	Lever de l'Aigle.
A	C		28	v	
B	C	ix	29	iv	
C	C		30	iii	Coucher de l'Aigle.
D	C	xvii	31	Prid.	

CALENDRIER DE JULES CÉSAR.

SEXTILE ou AOUT. Sous la protection de la déesse CÉRÈS.

Lettres Nominales.	Jours.	Nombres d'or.			
E	N		1	Kalen.	A Mars. A l'Espérance.
F	C	XIV	2	IV	Féries DE CE QUE CÉSAR A SUBJUGUÉ L'ESPAGNE.
G	C	III	3	III	
H	C		4	Prid.	Lever du milieu du Lion.
A	F	XI	5	Non.	Au Salut au Mont-Quirinal.
B	F		6	VIII	A l'Espérance. Coucher du milieu de l'Arcture.
C	C	XIX	7	VII	Coucher du milieu du Verseau.
D	C	VIII	8	VI	Au Soleil indigète au Mont-Quirinal.
E	NP		9	V	
F	C	XVI	10	IV	A Opis et à Cérès.
G	C	V	11	III	A Hercule au Cirque Flaminien. Coucher de la Lyre. Commencement de l'Automne.
H	C		12	Prid.	Les Lignapésies.
A	NP	XIII	13	Id.	A Diane au Bois Aricin. A Vertumne. Fête des Esclaves et des Servantes.
B	F	II	14	XIX	Coucher au matin du Dauphin.
C	C		15	XVIII	
D	C	X	16	XVII	
E	NP		17	XVI	LES PORTUMNALES A JANUS.
F	C	XVIII	18	XV	Les Consuales. Ravissement des Sabines.
G	FP	VII	19	XIV	LES VINALES dernières. Mort d'Auguste.
H	C		20	XIII	Coucher de la Lyre. Le Soleil au signe de la *Vierge*.
A	NP	XV	21	XII	Les Vinales Eustiques. Les Grands Mystères. LES CONSUALES.
B	EN	IV	22	XI	Lever au matin du Vendangeur.
C	NP		23	X	LES VULCANALES au Cirque Flaminien.
D	C	XII	24	IX	Les Féries de la Lune.
E	NP	I	25	VIII	LES OPICONSIVES au Capitole.
F	C		26	VII	
G	NP	IX	27	VI	LES VOLTURNALES.
H	NP		28	V	A LA VICTOIRE IN CURIA. Coucher de la Flèche. Fin des vents Éthésiens.
A	F	XVII	29	IV	
B	F	VI	30	III	On montre les Ornemens de la déesse Cérès.
C	F		31	Prid.	Lever au soir d'Andromède.

HISTOIRE DU CAL. ROM.   PL. II.ᵐᵉ   N.° 5.

CALENDRIER DE JULES CÉSAR.
SEPTEMBRE. Sous la protection de VULCAIN.

Lettres Nundinales.	Jours.	Nombres d'or.			
D	N	xiv	1	Kalen.	A Jupiter Maimactes. Fêtes à Neptune.
E	N	iii	2	iv	A la Victoire d'Auguste. Féries.
F	NP		3	iii	Les Dionisiaques ou les Vendanges.
G	C	xi	4	Prid.	JEUX ROMAINS pendant 8 jours.
H	F		5	Non.	
A	F	xix	6	viii	A l'Erèbe d'un Bélier et d'une Brébis noire.
B	C	viii	7	vii	
C	C		8	vi	
D	C	xvi	9	v	Lever de la Chevrette.
E	C	v	10	iv	Lever de la Tête de Méduse.
F	C		11	iii	Lever du milieu de la Vierge.
G	N	xiii	12	Prid.	Lever du milieu d'Arcture.
H	NP	ii	13	Id.	A Jupiter. Dédicace du Capitole. Le Clou fixé par le Préteur. Départ des
A	F		14	xviii	EPREUVE DES CHEVAUX. Hirondelles.
B		x	15	xvii	LES GRANDS JEUX CIRCENCES, voués pendant 5 jours.
C	C		16	xvi	
D	C	xviii	17	xv	
E	C	vii	18	xiv	Lever au matin de l'Epi de la Vierge.
F	C		19	xiii	Le Soleil dans le signe de la *Balance*.
G	C	xv	20	xii	LE MERCATUS pendant 4 jours. Naissance de Romulus.
H	C	iv	21	xi	
A	C		22	x	Coucher d'Argo et des Poissons.
B	NP	xii	23	ix	Jeux Circences. NAISSANCE D'AUGUSTE. Lever au matin du Centaure.
C	C	i	24	viii	Equinoxe de l'Automne.
D	C		25	vii	A Vénus, à Saturne et à Mania.
E	C	ix	26	vi	
F	C		27	v	A Vénus mère, à la Fortune de retour
G	C	xvii	28	iv	Fin du lever de la Vierge.
H	F	vi	29	iii	
A	F	xiv	30	Prid.	Festin à Minerve. Les Méditrinales.

CALENDRIER DE JULES CÉSAR.

OCTOBRE. Sous la protection du Dieu MARS.

Lettres Nundinales.	Jours.	Nombres d'or.			
B	N	III	1	Kalen.	
C	F		2	VI	
D	C	XI	3	V	
E	C		4	IV	Coucher au matin de Bootés.
F	C	XIX	5	III	L'on montre les Ornemens de Cérès.
G	C	VIII	6	Prid.	Aux Dieux Manes.
H	F		7	Non.	
A	F	XVI	8	VIII	Lever de l'Etoile brillante de la Couronne.
B	C	V	9	VII	
C	C		10	VI	Les Ramales.
D		XIII	11	V	LES MÉDRINALES. Commencement de l'Hiver.
E	NP	II	12	IV	LES AUGUSTALES.
F	NP		13	III	LES FONTINALES. A Jupiter Libérateur. Jeux pendant 3 jours.
G	NP	X	14	Prid.	
H	NP		15	Id.	Les Marchands à Mercure.
A	F	XVIII	16	XVII	Jeux Populaires. Coucher d'Arcture.
B	C	VII	17	XVI	
C	C		18	XV	A Jupiter Libérateur. Jeux.
D	NP	XV	19	XIV	L'ARMILUSTRE.
E	C	IV	20	XIII	Le Soleil au signe du *Scorpion*.
F	C		21	XII	Jeux pendant 4 jours.
G	C	XII	22	XI	
H	C	I	23	X	Au Père Liber. Coucher du Taureau.
A	C		24	IX	
B	C	IX	25	VIII	
C	C		26	VII	
D	C	XVII	27	VI	JEUX A LA VICTOIRE.
E	C	VI	28	V	Les Petits Mystères. Coucher des Virgilies.
F	C		29	IV	
G	C	XIV	30	III	Les Féries de Vertumne. Jeux voués.
H	C	III	31	Prid.	Coucher d'Arcture.

CALENDRIER DE JULES CÉSAR.

NOVEMBRE, Sous la protection de la déesse Diane.

Lettres Nundinales.	Jours.	Nombres d'or.			
A	N		1	Kalen.	Banquet de Jupiter. Jeux Circenses. Coucher de la tête du Taureau.
B	F	xi	2	iv	Coucher au soir d'Arcture.
C	F		3	iii	Lever au matin de la Fidicule.
D		xix	4	Prid.	
E	F	viii	5	Non.	Les Neptunales. Jeux pendant 8 jours.
F	F		6	viii	
G	C	xvi	7	vii	Montre des ornemens.
H	C	v	8	vi	Lever de la Claire du Scorpion.
A	C		9	v	
B	C	xiii	10	iv	
C	C	ii	11	iii	Clôture de la Mer. Couché des Virgiles.
D	C		12	Prid.	
E	NP	x	13	Id.	Banquet commandé. Les Lectisternies.
F	F		14	xviii	Épreuve des Chevaux.
G	C	xviii	15	xvii	Jeux Populaires au Cirque, durant 3 jours.
H	C	vii	16	xvi	Fin des Semailles de froment.
A	C		17	xv	
B	C	xv	18	xiv	Le Mercate durant 3 jours. Le Soleil au signe du Sagittaire.
C	C	iv	19	xiii	Souper des Pontifes en l'honneur de Cybèle.
D	C		20	xii	Coucher des Cornes du Taureau.
E	C	xii	21	xi	Les Libérales. Coucher au matin du Lièvre.
F	C	i	22	x	A Pluton et à Proserpine.
G	C		23	ix	
H		ix	24	viii	Bruma ou les Brumales pendant 30 jours.
A	C		25	vii	Coucher de la Canicule.
B	C	xvii	26	vi	
C	C	vi	27	v	Sacrifices Mortuaires aux Gaulois déterrés et aux Grecs, *in foro boario*.
D	C		28	iv	
E	C	xiv	29	iii	
F	F	iii	30	Prid.	

CALENDRIER DE JULES CÉSAR.

DÉCEMBRE. Sous la protection de la déesse VESTA.

Lettres Nundinales.	Jours.	Nombres d'or.			
G	N	xi	1	Kalen.	A la Fortune Féminine.
H			2	iv	
A		xix	3	iii	
B		viii	4	Prid.	A Minerve et à Neptune.
C	F		5	Non.	Les Faunales.
D	C	xvi	6	viii	Coucher du milieu du Sagittaire.
E	C	v	7	vii	Lever au matin de l'Aigle.
F	C		8	vi	
G	C	xiii	9	v	A Junon Jugale.
H	C	ii	10	iv	
A	NP		11	iii	LES AGONALES. Les 14 jours Alcyoniens.
B	EN	x	12	Prid.	
C	NP		13	Id.	Les Équiries ou Course des Chevaux.
D	F	xviii	14	xix	Les Brumales. Les Ambrosianes.
E	NP	vii	15	xviii	LES CONSUALES. Lever au matin de l'Ecrévisse entière.
F	C		16	xvii	
G		xv	17	xvi	LES SATURNALES pendant 5 jours.
H	C	iv	18	xv	Lever du Cygne. Le Soleil au signe du Capricorne.
A	NP		19	xiv	LES OPALIENNES.
B	C	xii	20	xiii	Les Sigillaires pendant 2 jours.
C	NP	i	21	xii	Les Angeronales. LES DIVALES. A Hercule et à Vénus, avec du vin miélé.
D	C		22	xi	Les Compitales. Les Féries dédiées aux Lares. Jeux.
E	NP	ix	23	x	Les Féries de Jupiter. LES LARENTINALES ou LAURENTINALES. Coucher de la Chèvre.
F	C		24	ix	Les Juvenales. Jeux.
G	C	xvii	25	viii	La fin des Brumales. Solstice d'Hiver.
H	C	vi	26	vii	
A	C		27	vi	A Phébus pendant 3 jours. Lever au matin du Dauphin.
B	C	xiv	28	v	
C	F	iii	29	iv	Coucher au soir de l'Aigle.
D	F		30	iii	Coucher au soir de la Canicule.
E	F	xi	31	Prid.	

CALENDRIER DE LA RÉP. FR. PLANCHE UNIQUE.

CALENDRIER DE LA RÉPUBLIQUE FRANÇAISE.

Jours du mois.	Noms des Jours de la Décade.	VENDÉMIAIRE. Product. nat. et Instrumens ruraux.	BRUMAIRE. Product. nat. et Instrumens ruraux.	FRIMAIRE. Product. nat. et Instrumens ruraux.	NIVOSE. Product. nat. et Instrumens ruraux.	PLUVIOSE. Product. nat. et Instrumens ruraux.	VENTOSE. Product. nat. et Instrumens ruraux.
1	Primidi.	Raisin.	Pomme.	Raiponce.	Tourbe.	Lauréole.	Tussilage.
2	Duodi.	Safran.	Céléri.	Turneps.	Houille.	Mousse.	Cornouiller.
3	Tridi.	Châtaigne.	Poire.	Chicorée.	Bitume.	Fragon.	Violier.
4	Quartidi.	Colchique.	Betterave.	Nefle.	Soufre.	Perce-Neige.	Troëne.
5	Quintidi.	Cheval.	Oie.	Cochon.	Chien.	Taureau.	Bouc.
6	Sextidi.	Balsamine.	Héliotrope.	Mâche.	Lavre.	Laur.-Thym.	Asaret.
7	Septidi.	Carotte.	Figue.	Chou-fleur.	Terre-végétale.	Amadouvier.	Alaterne.
8	Octidi.	Amaranthe.	Scorsonère.	Miel.	Fumier.	Mézéréon.	Violette.
9	Nonidi.	Panais.	Alizier.	Genièvre.	Salpêtre.	Peuplier.	Marceau.
10	Décadi.	CUVE.	CHARRUE.	PIOCHE.	FLEAU.	COIGNÉE.	BÊCHE.
11	Primidi.	Pom. de terre.	Salsifis.	Cire.	Granit.	Ellébore.	Narcisse.
12	Duodi.	Immortelle.	Macre.	Raifort.	Argile.	Brocoli.	Orme.
13	Tridi.	Potiron.	Topinambour.	Cèdre.	Ardoise.	Laurier.	Fumeterre.
14	Quartidi.	Réséda.	Endive.	Sapin.	Grès.	Avelinier.	Vélar.
15	Quintidi.	Ane.	Dindon.	Chevreuil.	Lapin.	Vache.	Chèvre.
16	Sextidi.	Belle-de-Nuit.	Chervi.	Ajonc.	Silex.	Buis.	Épinard.
17	Septidi.	Citrouille.	Cresson.	Cyprès.	Marne.	Lichen.	Doronic.
18	Octidi.	Sarrazin.	Dentelaire.	Lierre.	Pierre-à-chaux.	If.	Mouron.
19	Nonidi.	Tournesol.	Grenade.	Sabine.	Marbre.	Pulmonaire.	Cerfeuil.
20	Décadi.	PRESSOIR.	HERSE.	HOYAU.	VAN.	SERPETTE.	CORDEAU.
21	Primidi.	Chanvre.	Bacchante.	Erable-sucre.	Pierre-à-plâtre.	Thlaspi.	Mandragore.
22	Duodi.	Pêche.	Azerole.	Bruyère.	Sel.	Thémylé.	Persil.
23	Tridi.	Navet.	Garence.	Roseau.	Fer.	Chieudent.	Cochléaria.
24	Quartidi.	Amarillis.	Orange.	Oseille.	Cuivre.	Traînasse.	Pâquerette.
25	Quintidi.	Bœuf.	Faisan.	Grillon.	Chat.	Lièvre.	Thon.
26	Sextidi.	Aubergine.	Pistache.	Pigeon.	Étain.	Guède.	Pissenlit.
27	Septidi.	Piment.	Macjon.	Liège.	Plomb.	Noisetier.	Sylvie.
28	Octidi.	Tomate.	Coing.	Truffe.	Zinc.	Cyclamen.	Capillaire.
29	Nonidi.	Orge.	Cormier.	Olive.	Mercure.	Chélidoine.	Frêne.
30	Décadi.	TONNEAU.	ROUIEAU.	PELLE.	CRIBLE.	TRAINEAU.	PLANTOIR.
		SEPTEMBRE et OCTOBRE.	OCTOBRE et NOVEMBRE.	NOVEMBRE et DÉCEMBRE.	DÉCEMBRE et JANVIER.	JANVIER et FÉVRIER.	FÉVRIER et MARS.

CALENDRIER DE LA RÉPUBLIQUE FRANÇAISE.

Jours du mois	Noms des Jours de la Décade.	GERMINAL. Product. nat. et Instrumens ruraux.	FLORÉAL. Product. nat. et Instrumens ruraux.	PRAIRIAL. Product. nat. et Instrumens ruraux.	MESSIDOR. Product. nat. et Instrumens ruraux.	THERMIDOR. Product. nat. et Instrumens ruraux.	FRUCTIDOR. Product. nat. et Instrumens ruraux.	SANS-CULOTIDES. FÊTES.
1	Primidi.	Prime-Vère.	Rose.	Luzerne.	Seigle.	Épeautre.	Prune.	DE LA VERTU.
2	Duodi.	Platane.	Chêne.	Hémérocalle.	Avoine.	Bouillon-Blan.	Millet.	DU GÉNIE.
3	Tridi.	Asperge.	Fougère.	Trèfle.	Oignon.	Mélon.	Lycoperde.	DU TRAVAIL.
4	Quartidi.	Tulipe.	Aubépine.	Angélique.	Véronique.	Ivraie.	Escourgeon.	DE L'OPINION.
5	*Quintidi.*	*Poule.*	*Rossignol.*	*Canard.*	*Mulet.*	*Bélier.*	*Saumon.*	DES RÉCOMP.
6	Sextidi.	Bette.	Ancolie.	Mélisse.	Romarin.	Prêle.	Tubéreuse.	DE LA SANS-CULOTIDE.
7	Septidi.	Bouleau.	Muguet.	Froment.	Concombre.	Armoise.	Sucrion.	
8	Octidi.	Jonquille.	Champignon.	Martagon.	Échalotte.	Carthame.	Apocyn.	
9	Nonidi.	Aulne.	Hyacinthe.	Serpolet.	Absynthe.	Mûres.	Réglisse.	
10	DÉCADI.	COUVOIR.	RATEAU.	FAULX.	FAUCILLE.	ARROSOIR.	ECHELLE.	
11	Primidi.	Pervenche.	Rhubarbe.	Fraise.	Coriandre.	Panis.	Pastèque.	
12	Duodi.	Charme.	Sainfoin.	Bétoine.	Artichaut.	Salicor.	Fenouil.	
13	Tridi.	Morille.	Bâton-d'or.	Pois.	Giroflée.	Abricot.	Epine-Vinette	
14	Quartidi.	Hêtre.	Chamérisier.	Acacia.	Lavande.	Basilic.	Noix.	
15	*Quintidi.*	*Abeille.*	*Ver-à-soie.*	*Caille.*	*Chamois.*	*Brebis.*	*Truite.*	
16	Sextidi.	Laitue.	Consoude.	Œillet.	Tabac.	Guimauve.	Citron.	
17	Septidi.	Mélèze.	Pimprenelle.	Sureau.	Groseille.	Lin.	Cardière.	
18	Octidi.	Ciguë.	Corbeille d'or.	Pavot.	Gesse.	Amande.	Nerprun.	
19	Nonidi.	Radis.	Arroche.	Tilleul.	Cérise.	Gentiane.	Tagette.	
20	DÉCADI.	ROCHE.	SARCLOIR.	FOURCHE.	PARC.	ECLUSE.	HOTTE.	
21	Primidi.	Gainier.	Statice.	Barbeau.	Menthe.	Carline.	Eglantier.	
22	Duodi.	Romaine.	Fritillaire.	Camomille.	Cumin.	Caprier.	Noisette.	
23	Tridi.	Maronnier.	Bourrache.	Chèvre-Feuil.	Haricot.	Lentille.	Houblon.	
24	Quartidi.	Roquette.	Valériane.	Caille-Lait.	Orcanète.	Aunée.	Sorgho.	
25	*Quintidi.*	*Pigeon.*	*Carpe.*	*Tanche.*	*Pintade.*	*Loutre.*	*Ecrevisse.*	
26	Sextidi.	Lilas.	Fusain.	Jasmin.	Sauge.	Myrthe.	Bigarade.	
27	Septidi.	Anémone.	Civette.	Verveine.	Ail.	Colsa.	Verge-d'or.	
28	Octidi.	Pensée.	Bugloze.	Thym.	Vesce.	Lupin.	Maïs.	
29	Nonidi.	Myrtile.	Sénevé.	Pivoine.	Blé.	Coton.	Marron.	
30	DÉCADI.	GREFFOIR.	HOULETTE.	CHARIOT.	CHALÉMIE.	MOULIN.	PANIER.	
		MARS et AVRIL.	AVRIL et MAI.	MAI et JUIN.	JUIN et JUILLET.	JUILLET et AOUT.	AOUT et SEPTEMBRE.	SEPTEMBRE.

1218

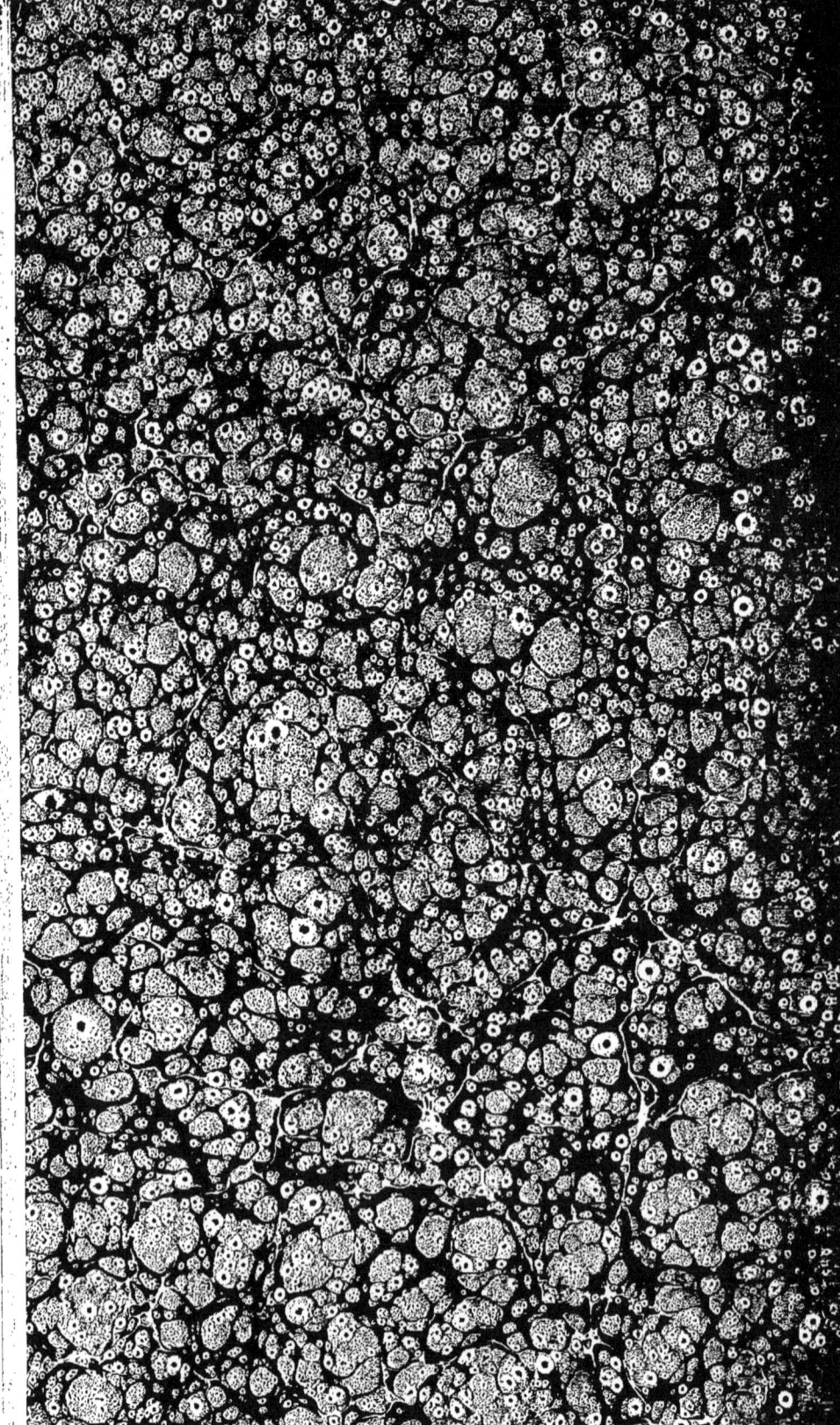

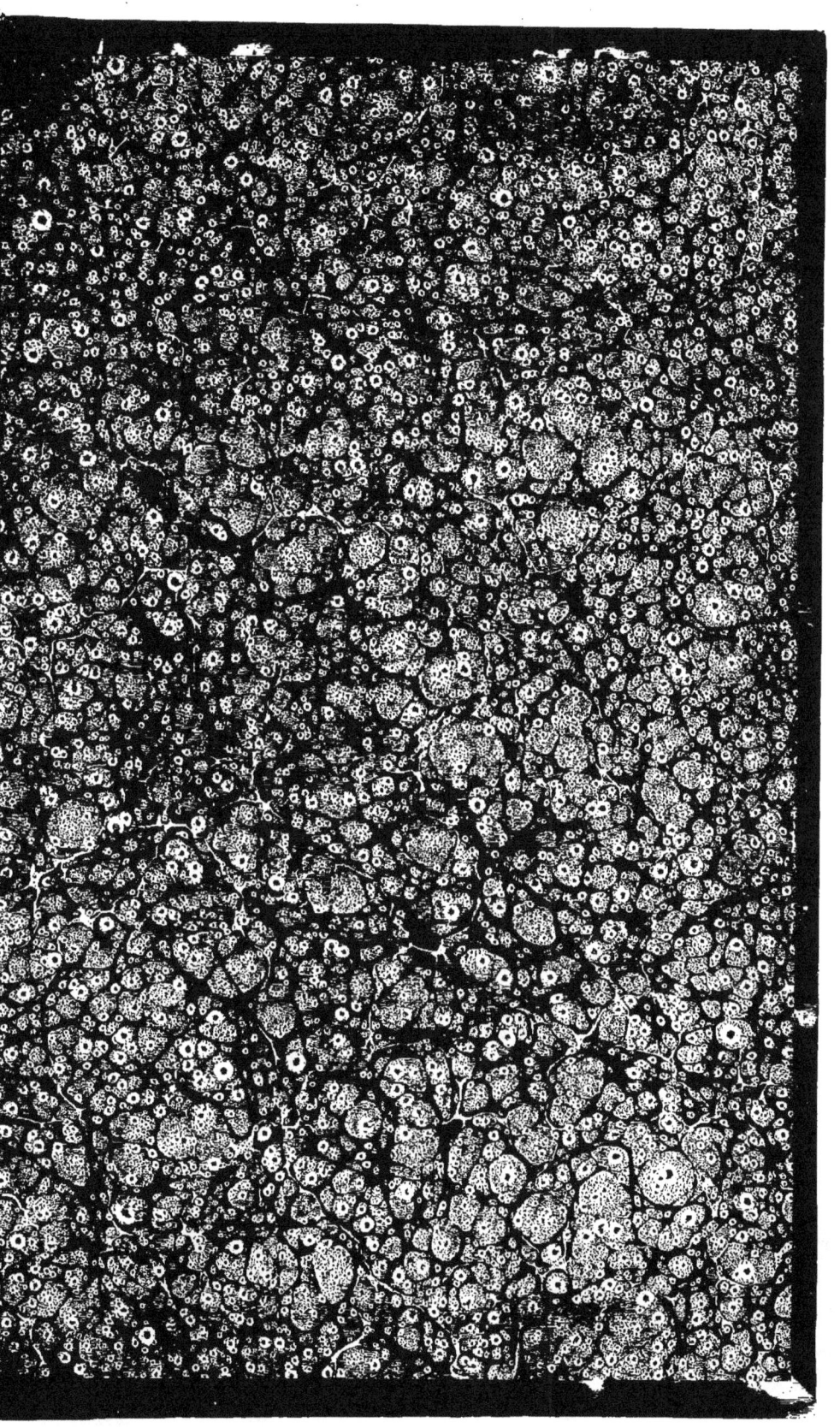

www.ingramcontent.com/pod-product-compliance
Lightning Source LLC
Chambersburg PA
CBHW060524090426
42735CB00011B/2367